LE

CITOYEN DE ZURICH,

OU

LOUIS NAPOLÉON

EN SUISSE.

PAR CHICOISNEAU.

PRIX : 1 FR. 50 CENT.

PARIS.

L. TERRY, LIBRAIRE-ÉDITEUR, AU PALAIS-ROYAL,

GALERIE VALOIS, Nº 185.

1838

LE

CITOYEN DE ZURICH,

OU

LOUIS NAPOLÉON

EN SUISSE.

———

Le nom de Napoléon est prononcé : chacun fait une histoire sur l'apparition de Strasbourg ; on dit que le neveu vise à l'autorité suprême, qu'il veut être Napoléon.

Encore un prétendant qui se fait illusion, un prince qui ne tient compte ni des temps ni des lieux, qui ne voit pas l'abîme ouvert devant lui ; qui ne prévoit rien, pas même les calamités publiques inséparables de son entreprise ; encore un prétendant qui se retranche dans son titre de prince pour s'imaginer que la France est à lui.

Mais quelle est donc l'excuse à tant d'extravagances ? Est-ce que la famille de Napoléon serait persécutée ? Non. Est-ce un asile qui lui manque ? Pas davantage.

1

Le neveu veut succéder à l'oncle : un neveu de l'empereur veut monter sur le trône impérial... C'est là toute la question.

Et, il y a près de trente ans que la famille de Napoléon Bonaparte est bannie de France ; à la vérité si on se reporte aux premiers temps de la chute de Napoléon, on est obligé de convenir que les membres de sa famille ont éprouvé toutes les vicissitudes du sort qui les frappait alors: la persécution s'est unie à leur infortune, le nom seul de Bonaparte était même très dangereux pour celui qui le portait; mais à quoi bon revenir sur le passé ?

Ces temps d'orage politique sont déjà loin de nous ; ils ne sont plus qu'un rêve dans la mémoire des hommes : tout a changé avec les institutions.

La direction libérale imprimée à la France et aux peuples de l'Europe par la liberté de la presse, a fait enfin ouvrir les yeux à tous sur le ridicule attaché aux questions de personnes en matière de gouvernement, et dès qu'on s'est bien convaincu que la liberté de la presse était l'arche sainte de toutes les questions politiques, on s'est désabusé de la question napoléonnienne.

L'Europe elle-même, si attentive dans les

premiers temps à tout ce qui pourrait faire revivre la question bonapartiste, l'Europe des
rois, surtout, a viré de bord, elle a donné un
tout autre cours à sa longue terreur du nom de
Napoléon, et fidèle à cette faiblesse de l'humanité qui veut qu'on ait toujours une peur quel-
conque, elle a évoqué un fantôme d'une autre
espèce : elle s'est fait un monstre de la liberté
de la presse, elle a tremblé devant la nouvelle
puissance comme elle avait tremblé au bruit
des armes de Napoléon : elle a même reconnu
que le despotisme d'un seul était moins dangereux pour la stabilité des trônes, que la presse
avec toute son artillerie.

Les rois ont tourné tous leurs efforts contre
le pouvoir pacifique de la presse, et ils n'ont
plus songé ni à Napoléon ni à sa postérité,
quand ils ont prévu que la France libre se gar-
derait bien d'appeler au trône un membre de
cette famille.

Les rois se sont alors abstenus d'une persécution inutile; et il y a long-temps que la famille
de Bonaparte a profité de cette disposition des
esprits qui ne laisse rien à désirer *en matière de
proscription*; on peut même affirmer que, à part
la France, tous les peuples de l'Europe offrent
aux débris de cette famille si riche de la gloire

de Napoléon, l'asile et le respect dus à une grande infortune.

La civilisation n'a plus besoin du sang des princes, et pour peu qu'ils se conforment aux lois civiles et politiques, les membres d'une ex-famille consulaire et impériale ont le droit de *vivre*.

Que dis-je ? une veuve appartenant à cette famille a jeté un cri de détresse, elle a demandé un secours, la nation s'est émue, et la nation a offert ce que la proscrite a demandé : la veuve de Murat ne pouvait mourir de faim ; et elle a bien compris que la France s'empresserait de payer une dette dont le titre remonte jusqu'aux victoires de Napoléon.

Hé bien, ce que la France a fait pour la veuve de Murat, elle le ferait sans doute pour les autres membres de la famille de Bonaparte.

Les grands services rendus à la France par l'épée du vainqueur de l'Europe, sont gravés dans la mémoire de tout un peuple, ils effacent les torts si nombreux, si incalculables de S. M. l'empereur et roi, que la France a détrônée, que la France détrônerait encore dans la personne du neveu, si Louis Napoléon était assez mal inspiré pour essayer de franchir une seconde fois le sol de la patrie ; et de traîner à sa suite

la guerre civile et la mort de plusieurs milliers
de Français.

Que ce jeune prince dout l'existence, comme
neveu du grand homme, est chère à toute la
France, ne se fasse plus illusion, qu'il daigne
comparer son épée de 1838 pour arriver au
trône, à l'épée du soldat de l'île d'Elbe, de 1815,
à l'épée du compagnon d'armes de tous les
guerriers français ? Il ne tardera pas à se convaincre qu'une tentative sérieuse échouerait
contre la nationalité de l'armée, contre les
vœux de la nation, et contre les efforts réunis
de la presse et du ministère, qui étoufferaient
S. M. l'empereur, avant le couronnement de
S. M. impériale.

On a souvent parlé de guerre étrangère, et
surtout depuis qu'on n'en fait pas. Hé bien,
cette guerre que la France appuierait de ses millions d'écus et de ses soldats, avec la constitution
actuelle et la liberté de la presse, la France ne
l'appuierait pas dans un intérêt bonapartiste ;
elle verrait bien où S. M. Louis-Napoléon voudrait en venir, tuer la liberté française par la
victoire des Français; restaurer les trônes de la
famille Napoléon, exercer partout la vengeance
la plus atroce, soulever les réactions dynasti-
ques dans toute l'Europe. La France libre ver-

rait tout cela dans la venue du nouveau messie,
et la France serait obligée de punir, dans la
personne même de Louis-Napoléon, l'auteur
de tous les maux qui fondraient sur elle.

Le mieux que puisse faire le jeune Louis-Napoléon, c'est de se soustraire à toutes les ovations politiques, dont il est l'objet ; *c'est de se
contenter de vivre*, et de ne donner aucun om-
brage à la grande nation ; de se persuader que
si jamais elle avait à craindre pour sa liberté,
la France saurait bien commander à tous les
peuples de l'univers, l'extradition de la nouvelle majesté, entourée des hommages d'un simple village de la Suisse, et il faut même le dire,
déjà ces hommages, si minimes qu'ils soient,
sont venus jusqu'aux oreilles des amis et des
ennemis de la liberté : hélas ! que le prince se
plaise dans ces innocentes illusions, et S. M.
Louis-Napoléon comprendra bientôt à ses dé-
pens, qu'une nation telle que la France n'est
pas faite pour être le jouet du simple citoyen
de Zurich.

Imprudent jeune homme ! cessez au plus vite
de jouer au grand jeu de la couronne ? Mettez
devant vos yeux le tableau de Sainte-Hélène, le
tombeau de Napoléon, et le tombeau du roi de
Rome ; souvenez-vous bien que Napoléon lui-

même fut abandonné par la victoire, et que l'ère de liberté de votre patrie date de la bataille du Mont-Saint-Jean : la France a-t-elle payé assez cher la liberté dont elle jouit, et si la grande épée de Napoléon, sans l'appui de la nation, n'a pu vaincre la coalition des rois, que pourrait faire l'épée de son neveu, quand elle aurait à se défendre contre la même coalition, l'or de l'Angleterre, et contre la guerre civile fomentée par les amis de la liberté française ?

Autre temps, autres mœurs : il n'est plus donné qu'à la liberté légale de séduire les peuples ; un retour de l'île d'Elbe, qui tient du prodige, ne se renouvellerait pas aujourd'hui ; Napoléon lui-même ne rentrerait pas en France, il ne s'y maintiendrait pas contre les efforts réunis du ministère et de la liberté de la presse ; il y a mieux, Napoléon, avec son esprit avantureux et son habitude des succès extraordinaires, n'oserait plus se fier à sa fortune, il ne condescendrait pas même aux vœux d'une province française qui lui offrirait le commandement de toute sa population ; il verrait bien que sa perte serait assurée, que le patriotisme de la France libre, éveillé par sa présence, et malgré tous ses programmes, s'obstinerait à lui défendre l'entrée de la capitale : la gloire de son

nom ferait place à un sentiment d'impuissance
ou de mépris pour une tentative avortée, et
Napoléon disparaîtrait une troisième fois du
sol de la France, après l'avoir inutilement ar-
rosé du sang de ses enfans.

La conséquence est facile à tirer, le rap-
prochement ne peut pas même se faire ; et,
n'en déplaise à S. M. Napoléon, le neveu n'est
qu'un enfant à côté de l'oncle ; Auguste n'a-
vait ni la bravoure ni le talent de César. Il
trouva trop lourd le nom de César au combat
d'Actium, et s'il ne rendit pas l'épée de Strasbourg, il se coucha dans un vaisseau, pendant qu'une femme, appelée Cléopâtre, dirigée
par Antoine, se battait comme un lion. Je veux
que le neveu de Napoléon ne tienne rien du
caractère ni de la faiblesse du neveu de César ;
alors, je dis qu'Auguste avait pour lui l'armée
victorieuse de Pharsale, qu'il était au milieu
de Rome, qu'il y avait un trône à prendre,
que ce trône appartenait à Auguste comme à
tout autre, puisqu'il était vacant : tous ces
avantages, Auguste les avait, il devait en profiter, ou sinon, les orages politiques allaient
fondre sur sa tête, il était exposé à mourir
avec le grand nom de César qu'il ne pouvait
porter nulle part sans courir un danger, sans

se compromettre près de ses compétiteurs au trône ; en un mot, Auguste ne pouvait pas se faire *oublier*. Il était destiné au trône du vivant de César, tandis que Louis-Napoléon est placé sur un théâtre bien différent et bien plus favorable ; il ne tient qu'à lui de vivre paisiblement où il voudra, excepté en France, à l'abri d'un nom glorieux ; il ne tient qu'à lui de mesurer le précipice qu'il ouvre sous ses pas, par une conduite plus légère qu'imprudente ; et il n'a rien de mieux à faire, dans son intérêt, que de se soumettre aux justes exigeances du ministère français, organe, en cette occurence, de tous les hommes éclairés de la France et de l'Europe, qui ne verraient pas sans un profond chagrin la résistance prolongée de Louis-Napoléon.

Qu'il y prenne garde ! cette affaire n'a rien de très sérieux aujourd'hui : la France représentée par M. le duc de Montebello, n'est pas bien menaçante pour lui ; mais s'il s'obstinait, l'ambassadeur se retirerait, les pétitions pleuvraient à la Chambre pour demander une adresse au Roi ; la rédaction et le style ne seraient pas équivoques dans l'adresse présentée, *une extradition serait exigée* non seulement de de la Suisse, mais de tout autre pays ; et les

ministres, interprètes de la volonté nationale,
seraient obéis à l'instant même par la nation la
plus redoutable qu'on puisse imaginer. Alors,
je vois un neveu de Napoléon dans une prison
d'état en France ; je me rappelle que ce neveu banni de France, dans son intérêt et dans
l'intérêt de sa patrie ; je me rappelle que ce
neveu de Napoléon est rentré en France, les armes à la main, qu'il a exercé l'autorité suprême à Strasbourg pendant quelques minutes,
comme héritier de Napoléon ; je vois une masse
considérable d'articles du Code pénal dont un
seul, appliqué à l'un des crimes, entraîne la
peine capitale. Je ne connais aucune prescrip-
tion à invoquer ; les dix années ne sont pas
révolues, je vois mon Louis-Napoléon légalement décapité !... fusilé, pour avoir écouté des
brouillons politiques qui croyaient qu'avec
leur courage et quelques défections, ils allaient
s'emparer de la France comme du titre de citoyen de Zurich !

Je ne suis pas un prophète, mais je vois bien
des malheurs inutiles ; je vois que si ce jeune
rejeton de Napoléon était condamné à la peine
capitale par un tribunal français, le ministère
n'aurait pas même la faculté de le gracier, ou
de commuer sa peine ; je vois que l'existence

seule de ce jeune homme, après la solennité d'un procès, pourrait devenir l'occasion de quelque calamité publique; que, à tout événement, il faudrait s'embarrasser de lui, comme d'un roi prisonnier, monter garde sur garde autour de sa prison. La nation se fatiguerait de la présence d'un prisonnier de cette importance, et la raison d'état exigerait, peut-être, un sacrifice que Louis-Napoléon ne voudra pas sans doute placer entre la gloire de son oncle et la sécurité de la France.

Les notes du ministère aux divers gouvernemens de la Suisse, sont donc fort sérieuses; elles ont une portée considérable sur les destinées et même sur la vie, non seulement de Louis-Napoléon, mais encore de la nation suisse, comme nation; il faut que la raison prévienne tant de malheurs; il faut que Louis Napoléon, déjà rebelle à la loi de la patrie, déjà pardonné une fois, quitte au plus vite un pays qu'il compromet, sans utilité, jusque dans sa nationalité. Il ne peut attendre ni engager les gouvernemens suisses à se laisser envahir par une armée française; l'objet politique de la prise d'armes aurait du retentissement dans la puissante nation; elle appuierait un ministère qui ferait son devoir en sévissant

contre la Suisse, qui ne peut avoir la prétention de fomenter la guerre civile en France,
d'armer le frère contre le frère, sans courir la
chance de disparaître de la carte géographi-
que sous les coups redoublés des amis d'une
sage liberté, et des ennemis d'un aspirant au
trône impérial de Napoléon.

La plus grave erreur qui puisse entrer dans
la tête de ce jeune homme, est que, fût-il fait
prisonnier une seconde fois, ou livré à la
France par la voie diplomatique, il en serait
quitte pour un autre voyage en Amérique, et
que le ministère serait plus embarrassé du prisonnier, que le prisonnier ne serait gêné dans
sa prison. Je combats cette erreur parce qu'elle
a quelque chose de vraisemblable, et que Louis-
Napoléon pourrait se laisser aller à cette arrière-pensée qui le mènerait droit à sa perte.

Hé bien, que Louis-Napoléon ne s'y fie pas,
qu'il se rappelle l'acquittement de Strasbourg,
qu'il cherche à pénétrer ce grand acte de la
souveraineté du jury, il n'y trouvera rien
moins qu'un décret d'accusation lancé contre
lui par les foudres populaires. Permis à tout
autre de s'imaginer que le jury ait considéré,
à l'unanimité, que la conduite des coaccusés
du prince n'avait rien de répréhensible ; per-

mis à qui le voudra, de soutenir cette thèse :
quant à moi, je respecte la décision du jury, je
tiens de grand cœur pour innocens tous ceux
que le jury a jugés innocens ; mais je suppose
que j'ai le droit, comme écrivain, d'examiner
les conséquences politiques d'un acquittement
prononcé en matière politique ; et je dis qu'à
mon avis, et sous ce rapport seulement, ce
grand acte du jury est un avertissement pour
le prince de ne plus se présenter sur aucun
point du territoire français, de ne point agiter
le pays par aucune menée sourde, et de ne pas
s'exposer à paraître devant une juridiction
française. Il peut être assuré d'avance que
l'affaire de Strasbourg serait remise sur le ta-
pis, que le respect de la chose jugée ne s'appli-
querait qu'aux personnes jugées qui sont innocentes ; mais que pour lui, le crime politique
serait toujours le même, et qu'il paierait cher
l'ignorance où il serait de l'état des esprits en
France, après une double révolution faite dans
l'intérêt de la souveraineté populaire, et plus
forte que toutes les habiletés possibles. Je
souhaite que ce prince, dont quelques niais
s'imaginent la fortune faite, veuille bien réfléchir sur les conseils d'un homme qui craint,
avant tout, que le sol de sa patrie ne soit rougi

du sang de l'un de ses enfans, du sang d'un neveu de Napoléon; je souhaite que ce prince soit entouré de conseillers généreux qui ne l'exposent à aucune entreprise, à aucune action coupable. Je n'imagine pas qu'un seul Français soit assez ennemi de son pays, assez ennemi de lui-même pour flatter les dispositions belliqueuses d'un Français contre sa patrie; je souhaite que le prince lui-même ne caresse pas des projets qui tourneraient contre lui, après avoir entraîné la ruine et la perte de quelques braves gens assez mal instruits pour ne pas voir que la France entière se leverait comme un seul homme, afin de purger le sol français de la présence d'un rejeton de la famille impériale.

Pourquoi, dira-t-on, la France ferait-elle tant de façon avec un neveu de Napoléon ? je vais tacher de le dire : et je ne suis pas dans l'erreur. C'est parce que la France veut être libre, et qu'elle ne le serait plus sous un prince qui aurait des restaurations à faire au profit de sa famille; c'est que la France veut maintenir les institutions de juillet, et qu'elle les maintiendra, avec les ministres qui la régissent, et dont la popularité n'est pas effrayante pour la liberté; tandis que la France, avec

Louis-Napoléon, aurait un gouvernement militaire qui durerait plus de vingt ans, que sa majesté n'aurait pas le temps de revenir à Paris, quand elle serait sous sa tente impériale, et que de là, elle nous enverrait des décrets tout faits qu'il faudrait exécuter sous peine d'être exécuté soi-même ; en telle sorte que le despotisme de Louis-Napoléon ne ferait que croître et se multiplier jour par jour, victoire par victoire, et que la France n'aurait plus une seule institution libérale.

La fortune de quelques uns se ferait, et les calamités publiques fondraient sur la patrie avec le despotisme : les peuples seraient mis en coupe réglée ; sa majesté ferait abattre ses trois cent mille hommes par an, terme moyen, et sa majesté, appuyée sur les débris du parti napoléonien, composé, pour la plupart, d'hommes de bonne foi, qui s'imaginaient que Napoléon s'appelait la liberté, n'hésiterait pas à fermer l'oreille à toute réclamation tendant au développement de la charte octroyée par sa majesté. Les Français seraient emprisonnés, décapités par un prince qui aurait à la fois une armée dévouée et une population ignorante, façonnée au joug impérial, par des hommes qui n'apprendraient aux enfans du peuple que ce qu'il faut pour ne rien savoir.

L'opinion qui repousse ce prince se compose donc, aujourd'hui, et plus particulièrement, de tous les amis éclairés d'un gouvernement constitutionnel, de tous les ennemis de la tyrannie que Louis-Napoléon serait obligé d'introduire, temporainement, d'abord, et que sa majesté ne trouverait plus une seule occasion d'abdiquer, une fois qu'elle aurait pris le goût et l'habitude de Napoléon Ier : cette opinion a pour elle le pouvoir, la presse, le jury, et cette opinion se servirait de tous ces moyens pour conserver le gouvernement actuel, et repousser le prétendant au trône ; cette opinion serait bientôt convaincue qu'il vaut mieux vivre avec un ministère responsable, si effrayé de sa responsabilité qu'il n'ose rien entreprendre, que de se jeter entre les bras d'un homme que la flatterie perdrait sans aucun doute, qu'elle environnerait de tous les souvenirs de gloire de Napoléon ; et, de la sorte, ce serait l'affaire de quelques jours, pour enlever aux Français la liberté de la presse, le jury, et enfin les institutions que la France possède, et qu'il n'est plus au pouvoir ni à la volonté de personne de lui ravir.

Je sais bien que si ce prince pouvait revenir

de l'île d'Elbe, en huit jours, l'opinion publique n'aurait pas le temps d'être éclairée par la presse sur ses véritables intérêts ; mais, d'une part, le prince n'est pas placé dans les conditions d'une promenade militaire, tenant au génie et à l'ascendant de Napoléon Ier, et, d'une autre part, la France aime un gouvernement constitutionnel, la France s'aperçoit que ce gouvernement se développera tôt ou tard; qu'au moindre événement de quelque importance, les ministres seront obligés de se soumettre aux Chambres, et les Chambres à l'opinion ; la France s'aperçoit que les ministres, quand même ils voudraient rétrograder, ne sont pas assez forts pour lutter contre le mouvement; elle peut sans danger laisser à ces messieurs quelque satisfaction entre eux, bien sûre qu'elle est, qu'au moindre mot tout rentrerait à sa place ; et, de cette manière, la France attend avec patience qu'il plaise au ministère d'agir dans un sens ou dans un autre : il y a mieux, la France est tellement habituée au système pacifique qu'elle en a pris son parti, que ce parti a tourné au profit du commerce, de l'instruction, et que chaque jour la masse des hommes indépendans du pouvoir va s'augmentant, à tel point que si la grande question des chemins

2

de fer et de la rente, vient à se vider en faveur de l'opinion populaire, il n'y a plus de
raison pour qu'on ne soit pas très satisfait de
vivre sous un tel état de choses, qui en pro-
met tant d'autres, qui mène de conséquence
en conséquence jusqu'aux dernières limites
d'une liberté sage, développée par des lois.

Et, ce serait quand le pays est sur le point
de voir enfin s'accomplir, pacifiquement, le
rêve de ses plus généreux enfans, le règne
des lois et de la liberté, sous un gouvernement
constitutionnel, que le prince Louis-Napoléon
viendrait nous offrir toutes les chances d'une
guerre européenne interminable et assurément
anti-nationale, avec la satisfaction de jouir d'un
gouvernement paternel, dans le genre du gouvernement de Napoléon Ier.

Non, je ne crois pas que le prince Louis-Napoléon s'abuse à ce point; et s'il ne s'abuse
pas, que fait-il en Suisse avec ses ovations ? Il
fait acte de mauvais citoyen, il se venge sur
sa patrie des torts de Napoléon, il s'expose à
introduire la discorde au milieu de ses concitoyens, et il prélude déjà au rôle qu'il jouerait
en grand si la France avait le malheur de
tomber entre ses mains. Le patriotisme est
l'abnégation de soi-même: or, il n'y a pas d'ab-

négation dans la conduite de ce jeune prince :
il veut absolument se faire voir ; il veut qu'on
parle de lui ; il veut entretenir l'opinion publique, dans le doute, dans l'incertitude ; il
veut qu'on sache partout que Napoléon a un
neveu ; il veut intimider le ministère qu'il sait
être en désaffection avec la Chambre ; il veut
relever le courage des anciens bonapartistes ;
il suscite par là des embarras à sa patrie.
Mais s'il savait que ces embarras n'ont rien de
sérieux ; que si le ministère venait à parler
haut et fort, le ministère trouverait de l'appui
dans les Chambres et même dans la presse,
pour en finir avec des prétentions si ridicules
qu'on regrette d'être obligé de combattre,
avec des prétentions qui ne reposent sur
aucun titre valable, qui sont noyées dans le
sang de trois millions de Français sacrifiés à
l'orgueil de Napoléon, qui ne fut jamais qu'un
ennemi de la liberté, caché sous l'habit de
général français.

Dieu merci, la presse, tout en laissant au
au talent et au courage du guerrier ses titres
à l'admiration de la postérité, la presse a sondé
la plaie, elle a distingué l'ambitieux de l'homme de génie, elle a distingué le donneur de
titres et de royaumes; et de croix d'honneur en

remplacement de bras et jambes, du général républicain. La question est bien avancée maintenant, l'opinion sait à quoi s'en tenir sur les mérites de ces hommes du peuple qui pullulent à la surface des révolutions, pour les endormir ou les étouffer à leur berceau, avant qu'elles ne soient développées; l'opinion est convaincue d'avance que Louis-Napoléon ferait de son pouvoir le même usage que Napoléon Ier; que s'il promettait beaucoup, à son entrée sur le territoire, ce serait pour ne rien tenir, et pour se donner le temps de poser la couronne impériale sur son auguste tête. Sa majesté commencerait par s'adjuger tout ce qu'elle trouverait à sa convenance, elle augmenterait les impôts, elle s'arrondirait une liste civile très confortable, elle leverait une nombreuse armée, elle envahirait l'Europe, et la constitution promise ne se ferait qu'au retour des campagnes de l'empereur : provisoirement, plus de liberté de la presse, plus de discussions politiques, plus d'améliorations administratives; des épaulettes, des grades et des traîneurs de sabre, on ne verrait plus que cela; les jambes de bois, les bras coupés au service du prince impérial et de la restauration de la noble famille, tel serait le spectacle

offert au peuple, trop heureux vraiment que
sa majesté ait daigné se donner la peine de
venir de Zurich à Paris pour bouleverser son
pays, pour tuer la liberté, et priver de leurs
enfans, au profit du principe impérial, de la politique retardataire, toutes les mères de famille,
qui ne feront plus le sacrifice de leur sang
que pour la gloire et la liberté de la France.

Ce prince est donc bien redoutable, pour
que la simple menace de rentrer en France
cause tant d'effroi ? Hé, non : il n'est pas même
à craindre ; mais on ne peut se dissimuler qu'a-
vec certaine adresse, avec quelqu'habilité, il
ne puisse se faire un parti composé des mécontens, des impatiens, des ambitieux, et surtout
des dupes qu'on trouve en tous pays ; et qu'a-
vec le secours de tous ces partisans, il en vienne
à tenir tête pendant quelque temps, à la masse
des forces nationales : alors, il n'est pas difficile de prévoir tout le sang versé, tous les maux
que sa présence sur le territoire Français pourrait entraîner ; et supposez que l'armée nationale aux ordres des ministres, éprouvât quelques revers, comme il arrive en temps de guerre,
ne voyez-vous pas jusqu'à quel point le mal
peut s'agrandir, jusqu'où il peut gagner, combien de jeunes courages il peut séduire ; et ,

surtout combien de temps il peut durer? l'imagination s'effraie du tableau qu'elle se fait de
tant d'infortunes, de tant de calamités, nées de
l'ambition d'un seul homme, qui devait prévoir
qu'un crime politique est toujours très grand
quand il peut s'appeler une faute.

A ceux qui ne serait pas disposés à admettre
ce raisonnement, je demanderai, avec la meil-
leure foi du monde, ce qu'ils veulent faire d'un
Napoléon, dont le nom a rempli toute la terre
d'épouvante : je leur demanderai s'ils veulent
servir la cause des rois qui n'attendent qu'une
occasion d'entraîner leurs peuples à une guerre
d'extermination contre le système politique de
la révolution de juillet, et qui ne seraient pas
fâchés d'anéantir le principe de la liberté, sous
le prétexte de combattre l'ambition révoltante
d'un Napoléon. Je ferai la réponse pour ceux
qui daignent me lire : je dirai avec un profond
sentiment d'orgueil, que la France, en cas de
guerre, est faite pour lutter avec avantage contre tous les rois de l'Europe ; qu'elle en aurait
bientôt fini avec eux, et qu'une armée française
ne fait qu'une étape de Berlin à Saint-Péters-
bourg, qu'ainsi aucune crainte sérieuse, si ce
n'est la haine du despotisme et le respect pour la
constitution, ne peut déterminer un Français à

repousser l'héritier du nom de Napoléon : voilà
bien toute l'objection. Et bien ! telle est encore
ma réponse : En fait, on a vu tout cela, on a
vu l'armée française envahir toutes les capitales
de l'Europe, jouer aux trônes, comme en administration on joue aux préfectures ; mais il
faut toujours se reporter au principe de toute
action, et juger de l'action par le principe, par
le moteur, par la base de l'action elle-même; et
si on m'accorde ce point , j'arrive de suite à
cette conséquence, qu'il faut une armée nationale, pénétrée des souvenirs ou des espérances
de liberté publique, pour opérer sur une aussi
grande échelle ; et cette armée patriotique ne
remplirait jamais les cadres de l'armée d'un Napoléon : le temps n'est plus où les Français con-
duits à la victoire par Bonaparte, se faisaient
tuer sur les bords de l'Adige, où ils éprouvaient
sans se plaindre toutes les privations, toutes les
fatigues de la guerre, parce qu'ils en rappor-
taient, dans leur esprit, toute la gloire à la patrie : à cette époque si glorieuse, ils n'avaient
jamais entendu parler ni du premier consul ni
de l'empereur Napoléon ; ils ne savaient pas
qu'ils faisaient la fortune politique d'un général
quand ils s'imaginaient travailler à la gloire et
à la prospérité du nom français. Il faut donc

revenir à cette grande idée, que pour faire ces grandes choses, les hommes ont besoin d'un grand entraînement politique; que cet entraînement est le nerf de toute opération militaire : sinon, il ne faut plus compter que sur un succès ordinaire, hors de proportion avec l'immense entreprise de combattre, sous le système impérial et au profit du système impérial, des systèmes du même genre établis sur toute l'Europe : c'est dans cette supposition qu'il faut bien admettre, que je dis que le descendant de Napoléon ne se maintiendrait jamais au faîte de la puissance impériale, parce qu'il n'aurait pas d'influence sur les masses, et que personne n'aurait intérêt à se faire tuer pour maintenir sur le trône, malgré la coalition des rois, un empereur qui ne ferait la guerre que pour lui, et non pour le peuple. A ceux qui voudraient que l'armée fût toujours victorieuse, et qu'elle marchât de capitale en capitale, sans s'arrêter, je répondrai que l'armée et la France n'y gagneraient rien, que les restaurations princières au profit de la famille de Napoléon seraient tout le fruit de la victoire ; qu'il en résulterait une sainte alliance nouvelle, entre princes nouveaux, plus puissante que l'ancienne, et que cette alliance serait toujours l'alliance des rois contre les peuples, qu'elle aurait pour objet la surveillance de tous les mécontens, de tous les désappointés, de tous les journaux, de tous les journalistes, de tous les orateurs ; que tous les partisans d'une liberté constitutionnelle seraient traités de Philippistes, d'ultra-royalistes, de républicains, etc., et comme tels condamnés aux galères ou à la mort par une Cour prévôtale dévouée à sa majesté l'empereur, et ce serait pour accumuler tant de maux sur leur patrie, pour retarder d'un siècle l'émancipation du genre humain, le développement des institutions constitutionnelles, que quelques hommes égarés chercheraient à déterminer Napoléon-Louis à venir en France, à planter le drapeau du despotisme en face du drapeau de la liberté, que le ministère est tout prêt à déployer, que le ministère veut étendre à toutes les institutions politiques de la France; ou s'il ne le veut pas, il le voudra.

Il ne s'agit donc ni de haine ni d'amour pour le jeune prince, il s'agit des intérêts de la liberté légale avec des ministres constitutionnels ; il s'agit de maintenir ce qui est, de l'agrandir dans le sens du progrès, de profiter de toutes les chances qui se présentent pour arriver au développement complet des institutions légalement promises par la Charte ; et pour cela, il ne faut pas que M. Louis-Napoléon s'en vienne, par une autre étourderie de sa façon, donner au ministère une occasion de prendre une attitude menaçante, de réclamer des lois provisoires, contraires aux principes politiques de la Charte de 1830, de s'armer pendant la guerre d'un pouvoir dictatorial, comme cela s'est vu pendant les journées de juin et la révolte de Lyon.

Le patriotisme de tout Français exige donc que chacun renonce à toute sympathie personnelle pour s'en tenir à tout ce qui est raisonnable ; il ne faut pas donner aux ministres par imprévoyance une occasion de se maintenir au pouvoir, de faire quelque chose de bien en soi, et de répéter chaque jour à la tribune : Nous avons vaincu le fils de César, nous sommes gens étonnans ! donnez, MM. les députés, donnez millions sur millions ? vous ne pouvez payer trop cher une si grande victoire ! Hélas ! elle serait grande en effet cette victoire, elle serait glorieuse surtout ! mais à quand ? Les questions fondamentales de la loi électorale, de la rente, des chemins de fer, etc., à quand ? Je le demande à ceux qui sont partisans du progrès, à ceux qui veulent que la Charte reçoive tous ses développemens, à tous les hommes de bonne

foi ? Aucun ne peut répondre à cette haute question politique : aucun n'y répondra ! Essayons.

Le moment n'est pas encore très éloigné où
la Chambre, usant de l'initiative parlementaire
comme elle l'a fait pour la rente, s'emparera
de toutes les grandes questions qui découlent
de la Charte, et qu'elle les appliquera dans le
sens favorable à l'opinion populaire, en réser-
vant aux ministres tout l'ascendant qui appar-
tient au pouvoir; peut-être n'avons-nous plus
à attendre, peut-être les grands projets sont-ils
mûrs dans la tête de nos députés, et vont-ils
éclore un de ces jours, comme par enchante-
ment, par surprise ! Hé bien ! de tout cela il ne
serait rien, si le ministère venait apporter une
douzaine de projets de lois applicables aux chances éventuelles d'une guerre civile fomentée par
un fils de Napoléon, entretenue par des niais
au profit du ministère qui ferait ses petites affaires, qui s'affermirait et monterait au Capitole
remercier les dieux, au lieu de rendre ses comp-
tes à la Chambre, d'écouter sur le banc de dou-
leur les projets de lois éclos dans le cerveau de
nos députés, et obligé de s'asphixier à force de
se voir convaincu que la France pense au solide,
et qu'elle ne se contente plus des promesses sans
cesse renouvelées et sans cesse oubliées.

On voit donc par ce faible exposé qu'il n'en
tre pas dans ma pensée d'insulter à une grande
infortune ; mais qu'il m'est permis de dire mon
opinion sur un objet d'intérêt général, et que
ce n'est pas trop s'avancer que de soutenir, en
face même des ennemis du ministère, qu'au lieu
de nuire aux ministrés, ils obligeraient les ministres ! ceux qui entretiendraient le fol espoir
de voir sur le trône un fils de Napoléon, ou
mieux, un neveu de Napoléon. Je veux à ce sujet leur conter certaine histoire : Un jour de
glorieuse mémoire, il vint à la pensée de MM. les
ministres d'étouffer la guerre civile propagée
dans la Vendée; pour en venir là, il fallait de
grands motifs ! Ces grands motifs, on les ima-
gina : devant les Chambres, on déposa la robe
ensanglantée d'une grande princesse que, par
hasard, on trouva cachée dans un placard !
Quel bruit éclata, bon Dieu ! quelle gloire on
s'attira ! C'était un pêle-mêle de félicitations
honorifiques à ne plus s'y reconnaître : le ministère était dans un ravissement impossible à
dépeindre ; son discours était pur comme une
rosée, et le lion de la Vendée s'en allait en fu-
mée ! plus d'assassinats par des assassins invi-
sibles ! plus de marches et de contre-marches
pour atteindre les ennemis d'une révolution ché-

rie par le ministère pour tuer tous les chouans, tous les contre-révolutionnaires, qu'on n'a point amnistiés par la raison qu'on n'a jamais pu les trouver, excepté toutefois la duchesse Dux, leur commandant en chef, dans le placard fermé à clef par mademoiselle de Kersabiec.

Hé bien! je reviens à ma proposition, si le ministère a tiré tant de gloire de cette victoire, que pense-t-on d'une victoire sur le nom de Napoléon? Ah! ce serait bien une autre affaire; et ne voyez-vous pas déjà les actions de grâces rendues à l'Éternel dans le temple divin, n'entendez-vous pas les congratulations, les canons et les bourdons de Notre-Dame? Quel bruit! Le jeune tyran aux pieds des ministres qui l'avaient déjà pris en flagrant délit, le jeune tyran humilié et traîné devant leur char de triomphe jusqu'à la place de Notre-Dame. Ah! bon dieu, il faudrait être aveugle pour ne pas voir ensemble et la carte du combat, et la carte de la victoire; plus, le portrait des ministres au temple de mémoire! C'est alors que l'enthousiasme éclaterait de toutes parts, que les journaux ministériels auraient un fonds inépuisable, qu'ils seraient invincibles par ceux qui s'imagineraient que la joie doit avoir un terme, qu'il faut revenir aux questions

indécises entre le ministère et la Chambre,
qu'on ne peut pas toujours s'extasier sur le
même sujet, et dire: Vous avez pris Napoléon,
donc Napoléon est pris; passons à la rente et
aux chemins de fer, etc.

Je ne vois tout cela qu'en gros; le détail
m'échappe; je ne vais pas m'amuser à compter
le lampion et tout l'assortiment de la fête.
Je préfère m'en tenir à cet aperçu, et aver-
tir, en ame et conscience, tous ceux qui seraient tentés de croire que le citoyen de Zurich
va leur procurer une grande victoire, qu'ils
sont exposés à éprouver un mécompte bien
affligeant pour eux et bien rassurant pour les
hommes qui ne veulent plus d'aucun despotisme, contents qu'ils sont du ministère et des
Chambres qui se regardent, et qui ne savent
comment faire pour se tirer d'embarras.

Je me permets de demander à ces hommes
qui s'en vont disant : Napoléon III est à Zurich, il *veut rester à Zurich*, il a reçu le bap-
tème civique, il s'est dévoué à la liberté publique. Je me permets de leur demander s'il faut
que le fils du grand homme ait une armée et
de l'argent comptant, qu'il puisse tenir la
campagne contre les troupes du gouvernement, contre les volontaires qui demande-

raient des armes pour aller combattre le nouveau prétendant. Or, si on admet que S. M.
Louis-Napoléon ait une baguette, et qu'en frap-
pant sur le mur d'une caserne elle en fera sortir
des soldats, on peut alors conjecturer à l'aise;
mais je suis loin de partager cette opinion. Je
dis que l'armée sera fidèle et très fidèle au
gouvernement constitutionnel, j'en donne
pour raison le serment qu'elle a prêté, qu'elle
tiendra par honneur et par devoir. Cette raison
me suffit, mais j'en ai beaucoup d'autres que
je trouve dans la composition des cadres même
de l'armée, où la plupart des hommes tiennent
à une excellente famille, tiennent, jusqu'à un
certain point, au système pacifique qui leur
donne l'espoir de rentrer dans le foyer domes-
tique; ces hommes honorables sont en majorité dans chaque compagnie, les autres les
valent sous tous les rapports. Il s'ensuit qu'aucune défection n'est à craindre, et que, ces
raisons péremptoires de côté, il reste à des
militaires l'intérêt de la patrie, l'honneur du
drapeau, qui ne permettent jamais qu'un dé-
fenseur de la liberté constitutionnelle passe
sous le drapeau du despotisme. Je suis donc
bien sûr de tout ce que je dis, et je pourrais
m'en tenir là si je ne voulais que convaincre

le jeune Napoléon et ses rares partisans, de la folie d'une entreprise qui a contre elle le bon sens, la perte d'un prince, la guerre civile et l'extermination des malheureux qui oseraient s'engager dans un combat où tout l'avantage et le bon droit seraient du côté du ministère, et des institutions constitutionnelles que nous devons tous maintenir, sauf à les agrandir par la voie pacifique de la liberté de la presse et du droit de pétition.

Mais je n'aurais soulevé qu'un côté de la question, si je me bornais à démontrer que Louis-Napoléon ne peut s'élever au trône; il faut encore, dans l'intérêt public, examiner la question politique ou de droit des gens, pendante devant les divers gouvernemens de Suisse représentés par la Diète, et, d'abord, il n'est pas difficile de prouver que le ministère français et la nation tout entière ont le plus grand intérêt à l'éloignement des frontières de la France, de la personne du jeune prince. La raison la plus forte est évidemment celle-ci : Si le prince, malgré tout, et sans tenir aucun compte des avertissemens qu'il reçoit, voulait enfin jouer sa vie contre un succès chimérique, il n'est pas impossible de supposer qu'il ne se maintienne pendant quelques temps sur le territoire français, qu'il ne trouve quelques rares partisans séduits encore par un oncle de glorieuse mémoire, qu'ils verraient revivre dans son neveu; et, partant de cette supposition qui me paraît bien gratuite, et qui doit cependant entrer dans la prévoyance des ministres, alors, il de vient tout-à-fait indispensable de chercher à détourner les malheurs d'une invasion à main armée, si peu redoutable, si pitoyable qu'on puisse l'imaginer, afin de n'avoir pas à sévir contre les victimes d'un sot dévouement, et contre le prince lui-même, afin de n'être pas réduit à la cruelle nécessité de relever l'échafaud politique. Et, si on ne peut nier que l'éloignement du prince, sous tous ces rapports, est chose fort désirable pour la France, pour quelques Français et pour le jeune prince, on ne peut nier, que tout gouvernement a le droit, à plus forte raison, non seulement de veiller à la sûreté générale, mais aussi à la sûreté des particuliers ; et, de bonne foi, à combien de bons Français le gouvernement ne peut-il pas sauver dès à présent l'honneur et la vie en prévenant toute espèce de rapport entre eux et le jeune héros de Strasbourg, en adoptant des mesures telles que les plus téméraires ne voient aucun moyen de succès possible, et qu'ils

en soient pour leurs frais d'imagination et de
blocus continental. Si la France représentée
par les ministres a un intérêt évident à ne pas
vouloir qu'aucun de ses enfans soit compromis dans une folle entreprise, la France doit
avoir comme toute autre puissance, et par le
droit des gens, sans abuser de sa force relative,
la France doit avoir le droit de recourir à un
moyen usité chez tous les peuples civilisés ; elle
doit exposer à tous les cantons de la Suisse le
tableau de ses craintes, non pour elle, mais
pour les malheureux et le prince qui tente-
raient une invasion criminelle, et démontrer
qu'elle ne demande rien autre chose que justice et protection pour la France à tous les gouvernemens cantonnaux. Elle peut invoquer le
droit qu'elle a de ne pas attendre que S. M.
Louis-Napoléon soit disposée à se mettre en
campagne ; elle peut soutenir, dès à présent,
que toutes les protestations du prince n'ont aucune valeur, à la suite d'une première invasion, à la suite d'un retour d'outre-mer, retour
effectué au point de départ de la première invasion de Sa Majesté ; et conclure de tout cela,
qu'il est inutile d'en savoir davantage sur les
dispositions aventureuses du jeune monarque,
citoyen tant qu'on le voudra pour la Suisse ; et

mauvais citoyen pour la France, qu'il exposerait à des représailles cruelles, etc.

En bonne conscience, et, à moins que la Suisse elle-même ne soit toute prête à lever le drapeau contre les trois couleurs de la France, elle doit, sans retard, obéir à des injonctions raisonnables, faites sans aucune menace, et montrer par là qu'elle tient à ses relations de bon voisinage avec une petite sœur chargée d'une nombreuse famille, et qui pourrait au besoin se passer d'une trentaine de mille de ses enfans, pendant quelques jours, pour aller visiter chaque canton. Et, si la Suisse n'était pas convaincue, comme elle doit l'être, par les bonnes raisons présentées sans aucune ostentation, elle devrait encore prendre son parti, de bonne grâce, et se ménager une défaite honorable en acceptant amicalement les conditions d'une nation voisine ; et si la Suisse, enfin, ne voulait accéder à rien, si elle invoquait les grands principes de souveraineté nationale, d'hospitalité accordée à un étranger qui, loin de troubler son repos, se fait un citoyen du lieu, elle aurait encore un tort, ce tort viendrait de ce que le prétendu citoyen a déjà fait un acte de souveraineté impériale sur le territoire français, qu'il est actuellement en état de rébellion contre la France ;

qu'il s'est déclaré l'ennemi des institutions de sa patrie, et qu'il n'a plus droit à la protection d'un peuple ami de la France, quand la France réclame, en vertu du droit des gens , son éloignement de la frontière française ; qu'aucune objection n'est possible de la part d'un peuple sous les yeux duquel une première conspiration contre la France, s'est organisée , développée jusqu'à un commencement d'exécution sur le territoire Français : par toutes ces raisons, la Suisse ne peut prétendre à protéger uniquement un étranger, un concitoyen, elle protégerait un ennemi de la France, elle lui donnerait les moyens d'ouvrir des négociations criminelles dans l'intérieur de la France, elle assurerait l'impunité de tous ceux qui délibéreraient avec lui, Français ou autres, sur les questions d'opportunité et d'exécution d'un plan bien arrêté: le renversement et le bouleversement des institutions Françaises au profit de Napoléon III.

La question réduite à ces termes, il est impossible que la Suisse n'exécute pas de bonne grâce la volonté de la France : il ne s'agit pas d'une extradition , on n'en est pas là ; on n'y pense même pas : on n'en veut point à la vie du prince, on veut, au contraire, conserver sa vie malgré lui peut-être. Il peut tout aussi bien vivre dans un autre pays que dans la Suisse : aucun gouvernement, excepté la France, ne lui refusera une noble et généreuse hospitalité ; la France elle-même, débarrassée de lui, fera des vœux pour son bonheur ; mais elle ne peut s'affranchir de l'obligation de tenir rigueur contre la majesté de Strasbourg : il y va de sa tranquillité intérieure, de la vie d'un bon nombre de Français, et de la vie du prince lui-même ; il faut donc maintenir tout ce qui est juste et honorable pour la France.

Il y a long-temps déjà que cette affaire est en litige. La Suisse ne s'empresse pas d'accéder à la prétention bien raisonnable de la France, et, à ne juger que par les fanfaronnades du citoyen de Zurich, on serait tenté de croire, est-ce possible ? que la Suisse est toute prête à relever le gant, si le gant est jeté par la France ! Hé bien, n'en déplaise aux profonds politiques de ce pays, et à présent que rien n'est encore officiel, je hasarderai quelques réflexions sur les conséquences fâcheuses pour les deux pays, d'un événement de cette importance.

L'amour de la liberté et de l'indépendance nationale est le trait le plus caractéristique d'un habitant de la Suisse ; là, on veut la liberté, ou la mort : on ne conçoit pas l'existence, si heureuse qu'elle soit, sans la liberté ; hé bien, la liberté disparaîtra avec l'indépendance, et de deux choses l'une, ou Napoléon disparaîtra à temps, ou Napoléon sera pris ; dans les deux cas, la France est satisfaite et la Suisse a payé de sa liberté et de son indépendance une obstination déplacée.

A ceux qui s'aviseraient de croire que le gouvernement français ne peut engager une guerre sans compromettre le système politique qu'il a suivi jusqu'à présent, je dirais qu'ils sont dans l'erreur : la preuve, c'est qu'une guerre, même d'extermination, de la France à la Suisse, n'est pas une guerre sérieuse ; la résistance, si courageuse qu'elle soit, si bien dirigée qu'on la suppose, ne durerait pas plus longtemps que le siége d'Anvers, qu'on ne se rappelle plus aujourd'hui. La Suisse est pour la France un fuseau dans la main d'Hercule : or, la politique européenne ne peut s'émouvoir au bruit du canon tiré par la France, et quand les rois voudraient lever la tête, prêter l'oreille, le ministère français, poussé à bout de patience, les inviterait à se mêler de leurs affaires ; il leur dirait que la France est assez forte pour se gouverner elle-même, et chacun d'eux comprendrait qu'il n'y a pas loin de ce langage à un

revirement dans la politique du ministère français, et chacun d'eux, avant tout, craint ce
revirement, il en connaît les conséquences, à
ce point que le ministère n'a qu'un mot à dire
pour forcer les rois à se taire.

Ainsi, pas d'appui, pas de Suisse; il faut
mettre bas les armes et rendre à discrétion,
soi et le Napoléon! autant valait ne faire aucune résistance. Est-ce que par hasard des
hommes graves, versés dans les matières politiques et de gouvernement se laisseraient
prendre à cette singulière idée, qu'une fois la
guerre déclarée, les quelques Français partisans de la gloire de Napoléon, vont s'abattre
sur la Suisse, et tenir tête au ministère et à la
nation française, dont l'intérêt est *identique* sur
la question napoléonnienne; ce serait une erreur de plus, une erreur d'autant plus grave
qu'elle supposerait une bien courte vue à des
hommes politiques chargés du gouvernement
de leurs pays; et, d'abord, admettant ce qui
n'est pas vrai depuis que le parti de Napoléon
s'est fondu dans le parti constitutionnel, admettant qu'il reste en France un nombre considérable de bonapartistes purs, je ne sais où on
les prendrait; mais encore, admettant ce fait,
ces partisans se connaissent-ils entre eux,

sont-ils dans la même ville, dans le même département, ont-ils le droit de partir de tous les points de la France, sans se rencontrer nez à nez avec certains chapeaux à cornes qui ne plaisantent guère ; combien de temps leur est nécessaire pour se réunir, pour se concerter, pour arriver sur le terrain, et combien de temps faut-il à une armée française pour soumettre la Suisse ??...

Je ne combattrai pas cette idée plus long-temps, elle n'est bonne que pour amuser quelques étourdis, mais elle ne peut se soutenir devant le plus court examen. Eh ! comme on y va ? Cette querelle d'un Napoléon est donc bien importante, pour que des Français exercent ainsi leurs jambes et leur courage ! On admettra, je le pense, que la majorité de ceux qui formeraient ce beau projet, si chevaleresque, attendrait l'événement, qu'elle voudrait savoir à quoi s'en tenir sur la prolongation de la lutte : on risque sa vie sur le champ de bataille, et on ne veut pas la risquer devant les tribunaux criminels, comme coupable de port d'armes contre sa patrie ; alors la majorité verrait que la Suisse a succombé, et la majorité se consolerait ou ne se consolerait pas : à coup sûr elle ne serait pas d'un grand secours à la Suisse ; et , si les partisans se réduisent à une centaine ou deux , et encore que cette poignée d'hommes soit assez bien inspirée pour renoncer à tout projet , à la vue du drapeau français, que feront les Suisses commandés par Louis-Napoléon, quand le grand-maître de la famille napoléonienne n'a jamais reconnu la valeur intrinsèque des Suisses, et qu'il n'en a voulu que pour garder ses bagages et le butin pris sur l'ennemi.

S'abuser à ce point : ah ! j'aime mieux croire que je me suis trompé, et que je n'ai fait qu'une supposition dépourvue de toute vraisemblance.

Et il se trouve des hommes politiques qui seraient assez imprévoyans pour avoir fait ce calcul : nous résistons parce que le ministère français est en dissidence avec la Chambre, et qu'il ne peut s'engager dans une guerre, si minime qu'elle soit, sans compromettre son avenir : ce n'est qu'une erreur de plus ! la mésintelligence dont ils argumentent leur plaît, oui ou non. Dans les deux hypothèses, elle cesse par la guerre contre un Napoléon, parce que la guerre est nationale, qu'elle a un but politique approuvé des deux partis qui tiennent le pouvoir, et de la grande majorité des Français qui ne veut pas du système impérial, et d'une guerre faite par et pour Napoléon : ainsi, et de quelque manière qu'on s'y prenne, il faut toujours arriver à ma première proposition : perte de quelques Français, perte du jeune Napoléon, perte de la liberté et de l'indépendance de la Suisse.

Mais ce qui est plus curieux, les gouvernements cantonnaux agiraient évidemment dans un esprit d'hostilité contre le ministère français et non contre la France. Hé bien ! le résultat serait favorable au ministère et défavorable à l'opinion que les cantonnaux auraient voulu protéger en France : le ministère assurément, paré de quelques lauriers cueillis en Suisse, ne se gênerait pas pour exploiter, dans l'intérêt de sa politique personnelle, le triomphe de l'armée, et il obtiendrait des Chambres ce qui aurait, peut-être, souffert quelque difficulté avant la campagne ; en sorte que, plus j'examine tous les points de la situation, au présent ou dans l'avenir, et moins je découvre aucun motif raisonnable à donner en faveur de l'opinion contraire à la mienne.

Je vais bien au delà de ce qui est nécessaire pour démontrer toute l'inconséquence des prétentions et de Louis-Napoléon et de la Suisse.

Je n'imagine pas qu'il soit possible d'opposer
rien de raisonnable aux faits et à l'état de
choses que j'ai rappelés, et que chacun peut
vérifier comme moi. Ce n'est pas à des républicains qu'il est utile de parler d'une question
de personnes; en matière de gouvernement,
aucun d'eux n'ignore que Louis-Napoléon, non-
obstant les proclamations, déclarations de
principes, et les promesses qu'il peut faire,
ne serait pas moins à Paris, un empereur des
Français, aux prises avec une opposition qui
n'admettrait pas les principes politiques de
son gouvernement impérial, avec une opposition contraire à toute entreprise militaire
faite dans l'intérêt de la famille du jeune
prince; et ces entreprises ne se renouvel-
leraient pas moins, sans cesse : d'un royau-
me restauré on passerait à un autre, jusqu'à ce que les anciens trônes fussent re-
levés; ce système politique attaché au principe
impérial et à sa durée, serait dissimulé d'abord:
le prince n'aurait pas même besoin d'en convenir; il lui suffirait de dire : La France est
menacée, il faut la défendre; on la défendrait,
et une fois que les anciennes capitales de chacun des princes qu'il aurait à sa suite seraient
prises, Louis-Napoléon ferait occuper le trône

vacant par quelqu'un des siens ; et, quand il ne le voudrait pas, la force des choses et le principe politique de la constitution impériale seraient plus forts que sa volonté, à moins qu'on ne s'imagine que l'empereur, afin de complaire à ses amis, les Suisses, qui seraient les premières victimes du gouvernement impérial, en viendrait à commettre la faute d'établir près de son trône impérial, des républiques avec la liberté de la presse, quand il est impossible que lui-même il puisse vivre avec la liberté de la presse, avec l'opposition la moins exigeante, et quand lui-même, il serait forcé de rompre avec tous les amis d'une liberté constitutionnelle.

Un prétendant a toujours à dire : Je ne ferai pas les fautes de mon aïeul, je n'entreprendrai aucune guerre étrangère, je respecterai la liberté de la presse. Il est possible d'admettre la sincérité de ces déclarations ; mais à quoi tout cela peut-il aboutir ? De quelle influence, la probité personnelle et politique de l'empereur, pourrait-elle être sur la nature même des conditions d'existence d'un gouvernement militaire, dictatorial, incompatible avec toute opposition, avec toute discussion : on a pu s'en convaincre à l'aise, Napoléon a trôné assez long-temps ; le principe impérial s'est développé dans toutes ses phases, et pour tout homme sincère, il est impossible de ne pas convenir que le caractère personnel du nouvel empereur ne tiendrait pas contre les exigeances du principe impérial, et contre ses conditions d'existence, avec un état de guerre permanent, sans aucune utilité pour la France et pour les pays conquis.

Nulle raison valable et de quelque importance ne peut donc engager les gouvernemens cantonnaux à nous affliger d'un fléau de ce genre. La seule idée dominante d'une restauration impériale serait applicable aux ambitions militaires que l'empereur pourrait toujours satisfaire; mais cette idée serait justement la plus malheureuse de toutes, la plus nuisible au développement du progrès : l'obéissance passive de tout homme armé par le gouvernement, si utile à maintenir même dans un pays de la liberté, cette obéissance passive ne tarderait pas à franchir les limites du juste, et à s'étendre à toute la nation, à toute l'Europe, à la Suisse elle-même dont le nouvel empereur détruirait le principe et l'unité politique.

La question ainsi posée, il faut en admettre toutes les conséquences; et, quand même il serait vrai que Napoléon apporterait à la France

toutes les institutions les plus philanthropi-.
ques imaginables ; quand même il serait vrai
qu'il ne ferait aucune guerre dans l'intérêt de
sa famille ; quand même il serait vrai qu'il ré-
duirait la condition impériale à un état passif,
avec une responsabilité ministérielle, sérieusement organisée, etc., etc.

Il n'est pas moins vrai que la France jouit en
ce moment d'une constitution politique qui ne
laisse rien à désirer sous le rapport essentiel
de la souveraineté du peuple, de la liberté de
la presse, de l'institution du jury, et que ces
grands principes, admis au profit du peuple,
sont une garantie suffisante des développemens
nécessaires de la Charte ; et que le peuple appuyé de la liberté de la presse, telle qu'elle est,
je le suppose encore, est armé d'une puissance
politique suffisante pour obtenir la réalisation
et la vérité-pratique du principe de la souveraineté populaire.

En France, le peuple règne par la souveraineté populaire, le peuple n'a point à gouverner, c'est un devoir pour les ministres et les
Chambres ; le principe monarchique est placé
par la constitution à côté du principe populaire, l'hérédité est son plus beau privilége :
c'est aux ministres responsables à maintenir

également la souveraineté du principe populaire et les priviléges justes et légitimes du principe monarchique; c'est à eux de ne pas oublier les devoirs de leur charge, et de se conformer à la constitution et aux lois, s'il veulent conserver le pouvoir; mais la France est assez forte, avec ses institutions, ses mœurs et son éducation politique, pour maintenir les ministres dans la réalité du gouvernement représentatif.

En France, tout va bien : le progrès est en progrès, le progrès enfantera le progrès, et le progrès a besoin de son institution monarchique avec toutes ses conditions de grandeur et d'inviolabilité. L'institution monarchique elle-même est utile à la souveraineté populaire: placées l'une à côté de l'autre, elles se maintiennent l'une par l'autre; elles vivent ensemble, comme elles sont nées ensemble, l'une ne périra pas plus que l'autre; la Charte a posé des limites à chacun des principes, et la Charte, soutenue par les deux principes, est destinée à une longue et paisible existence. Messieurs les ministres, responsables de leurs actions, d'accord avec le principe monarchique, respectent la Charte, et le peuple respecte la Charte.

On se demande, lorsque la France est en

paix, lorsqu'elle s'amuse à perfectionner ses institutions politiques, à contrôler par sa presse tous les faits et actes des ministres, on se demande ce que demande la Suisse, et on ne peut rien comprendre à la tenacité de ses prétentions. La Suisse aurait-elle par hasard l'intention de s'opposer à un changement de la loi électorale en France; à l'établissement des grandes voies de communication par les chemins de fer; au retrait des lois de septembre, au développement des institutions constitutionnelles ? si telles sont les intentions de la Suisse et de M. Bonaparte, le moyen est bien choisi, le succès est assuré. Le ministère parlera toujours de l'hydre de l'anarchie, de la démagogie, de la démocratie et du démocrate Napoléon ; le ministère fera l'éloge du ministère, de la vaillance du soldat français, de la fermeté de l'administration de la guerre, et le ministère dira que le plus pressé, au lieu de faire de bonnes lois, le plus pressé est de faire des lois pour empêcher l'hydre de l'anarchie, l'ogre de Corse de se relever, et la Chambre sera contente du ministère, et la Chambre proclamera que le ministère à sauvé la patrie, et l'initiative de la Chambre sommeillera pendant longues années ; voilà tout le bien qu'il faut attendre d'une tentative sur la France, dirigée par ou pour Napoléon.

Est-ce assez pour dégoûter et le prince et les Suisses, de toute démonstration politique ? est-ce assez pour se soumettre incontinent à toutes les injonctions du ministère français ? et le prétendant veut-il enlever à la France jusqu'à l'espoir de cicatriser les plaies de Waterloo, ou de relever l'honneur de ses armes compromis par Napoléon, avec sa prétention d'opposer à l'Europe absolutiste, les forces seules du parti bonapartiste, sans les forces du parti national ? Tel est cependant le principe de l'affreux désastre arrivé à Waterloo, la nation regardait le combat, la nation n'y prenait aucune part, et elle avait raison, parce que Napoléon se battait pour Napoléon, et non pour la nation : sa majesté l'a bien compris après le combat; le rêve de grandeur souveraine sans aucun contrôle a fait place aux remords de l'usurpateur, tout puissant comme général en chef au service de son pays ; sans force, sans crédit, sans considération comme empereur. Honteux de sa conduite, et de tout le bien qu'il avait fait dire de sa majesté par des journalistes salariés, familiers de son antichambre et de sa cuisine ! si honteux qu'il n'osa pas, à l'exemple de Paul Émile, se présenter devant le peuple, et donner quelques larmes au sang qui venait de couler avec tant d'abondance pour la querelle de l'empereur; c'était alors qu'il aurait convenu à un autre Napoléon de se présenter pour occuper la place vacante, il était bien sûr que la France l'aurait accueilli...

Bonaparte, il faut bien le dire, s'était imaginé que les temps d'Auguste et de Charles-Quint pouvaient revivre de nos jours; que l'absolutisme flanqué de la noblesse impériale et féodale allait prendre sur le territoire labouré par Voltaire, par Jean-Jacques, et tant d'autres! et Bonaparte a proclamé Napoléon, et Napoléon s'est imaginé que les amis de Bonaparte seraient assez forts pour lutter contre l'Europe et contre l'inertie de la nation française qui attendait en silence la fin du despotisme de Napoléon; du traître qui avait tourné contre les libertés de sa patrie les armes qu'elle lui avait confiées pour la défendre, du traître qui avouait publiquement, devant ses familiers, que s'il faisait la guerre, c'était pour éteindre chez les Français l'amour de la liberté légale, pour en venir à les détruire l'un après l'autre par le fléau de la guerre; au lieu d'établir une administration et une comptabilité régulières, avec un ministère responsable devant une bonne et loyale représentation nationale.

Voilà les titres du prince Louis-Napoléon au trône impérial, à un trône qui n'a jamais existé du consentement de la France ; et s'il en était nécessaire, on en trouvait bien d'autres : la mort de Hoche, la mort de Pichegru et de tant de grands hommes nous donnerait le secret de cette admiration *concentée* sur un seul général, quand elle pouvait s'étendre et se multiplier à l'infini, quand la France ne manquera jamais de bons et vaillans capitaines, quand rien n'est si commun dans une armée française que le courage et le talent militaire réunis, quand il est démontré par l'expérience de tous les siècles qu'il suffit d'une campagne ou deux pour donner à cette armée tous les Turennes et les Condés dont elle a besoin pour la conduire à la victoire : *fabricando fit faber*. Mais qu'un chef profite de l'estime de ses subordonnés, de l'enthousiasme de l'armée pour ses talens et sa gloire ; que ce chef militaire vienne asservir sa patrie, exiler ses meilleurs citoyens, tuer l'une après l'autre toutes les libertés ; qu'il ne donne le droit de parler qu'à lui-même ; que toute la France se concentre dans sa majesté ; que tous les fils de ses anciens amis, que tous ses com-

patriotes soient dévorés par le fléau de toutes
les guerres entreprises par folie, par orgueil et
pour le plaisir de tuer et d'assassiner tous les
Européens ; que cette conduite soit punie par
le rocher de Saint-Hélène; et que, d'une autre
part, le général Bonaparte soit placé sur la co-
lonne, c'est l'ordre des choses. Il serait donc
permis au premier aventurier venu, habile à la
guerre, de s'emparer du pouvoir souverain, de
faire tuer pour son plaisir et pour sa gloire personnelle, une moitié du genre humain par une
autre moitié, sans aucun motif raisonnable; et
tout cela serait impuni, et, le sabre à la main,
l'homme de guerre disposerait de tout un peuple
comme d'un troupeau qui lui appartiendrait ?

Et, ce qu'il y a de plus extraordinaire, on
voudrait, en quelque sorte, établir la succes-
sion du crime, on voudrait faire revivre les
droits puisés dans le sang, pour se donner le
droit de verser d'autre sang, et jeter tout un
peuple, toute l'Europe dans les alarmes, dans
la terreur du nom de Napoléon, des excès de
son despotisme, et de la fureur de son orgueil
poussé jusque dans ses dernières limites par
l'ambition de gouverner toute la terre, avec ce
blocus continental, que lui seul avait conçu,
que lui seul croyait possible, et qui l'a conduit

à sa perte, tant il est vrai que Dieu a permis que le despotisme mourût par la main du despotisme.

La liberté de la presse fera comprendre à Louis-Napoléon, que si la France n'a pas refusé au général Bonaparte un témoignage public de sa gratitude pour les campagnes faites dans l'intérêt de la France ; que si on a dit tant de bien de Napoléon depuis quelques années, c'est qu'on en avait dit trop de mal sous la restauration : mais que Louis - Napoléon fasse une tentative sérieuse sur la France, et je lui réponds que la presse découvrira les causes de toutes les actions les plus secrètes de Napoléon, qu'elle mettra le public dans la confidence de tous ses secrets d'état ; elle fera si bien que l'estime ne s'attachera plus ni au nom de Napoléon ni à ses grandes actions; que tout sera mis à jour, par doit et avoir, et qu'on verra que Napoléon a fait faillite à la France, et qu'il ne visait qu'à son élévation personnelle.

Si le crime lui-même n'est pas un crime, en politique ce n'est pas, non plus, un acte vertueux sur lequel on puisse s'appuyer, comme sur un titre de propriété, pour venir à une distance de trente années invoquer des droits.

qu'on n'a pas, qu'on ne peut jamais avoir ; et si on ne veut pas s'en désister , si on ne veut pas abdiquer des prétentions fondées sur ce genre d'hérédité , ou s'exposer à périr par le droit qu'on invoque ; c'est ce que je vais démontrer dans la discussion du droit appartenant à la France comme à la Suisse , et qu'on appelle droit des gens établi dans l'Europe.

La question est bien claire : la France est une nation de l'Europe, je crois, elle a été gouvernée malgré sa volonté par Napoléon Ier , qui l'a exploitée à son profit et au profit de toute sa famille ; il en a tant fait, qu'à la fin il s'est mis à dos tous les peuples de l'Europe, tous les bons citoyens de la France, et enfin les amis qu'il avait dans l'armée française, les hommes qui jouaient le Cinéas près du nouveau Pyrrhus , et qui voyaient couler le sang versé sans motif légitime ; il en est venu à n'avoir plus de partisans que lui-même, et à se faire mettre au ban de l'Europe, comme un homme dangereux à la liberté et à l'indépendance de toutes les nations. Sans doute, il a souffert : l'agonie a été longue et cruelle ; mais il a souffert pour éviter la mort de plusieurs millions d'hommes qui étaient toujours prêts à se battre comme des lions, sans savoir pourquoi, s'il était

venu les rejoindre et les appeler au combat :
en sorte que, je dis, moi, sans approuver les
mauvais traitemens dont Napoléon fut peut-
être la victime, à Sainte-Hélène, qu'il était
d'une sage politique de lui fermer le chemin
de l'Europe, et de s'opposer à son retour. Il
s'est trompé quand il a pensé qu'après avoir
ensanglanté, pour sa querelle personnelle,
toutes les parties de l'Europe, il lui serait loi-
sible de se promener bourgeoisement dans la
cité de Londres ; il n'aurait peut-être pas tardé
à réunir à Londres même tous les frères et
amis, et un beau matin, le roi d'Angleterre se
réveillait le prisonnier de Napoléon ; et l'Angleterre qui n'approuvait pas le blocus continental, l'Angleterre était bloquée dans Londres même, et l'Angleterre servait à l'accom-
plissement des desseins d'un homme à projets.

Tel est le sort inséparable de l'humanité :
l'homme qui s'élève jusqu'à l'empire ne peut
plus rentrer dans les conditions ordinaires de
l'existence sociale : *Ne suis-je pas toujours Sylla!*
cette pensée est frappante de justesse, elle sera
toujours vraie. Napoléon, en 1815, bourgeois à
Londres, c'était folie d'y penser ; c'était un rêve
comme le blocus continental, c'était Pompée
se promenant dans Rome après la bataille de

Pharsale , c'était Annibal au pied du mont Aventin.

Déchu du trône , il devait conserver la vie ; si on a attenté à ses jours, on a eu tort, on s'est compromis , c'est même une tâche : Napoléon était assez puni de ses extravagances par la perte d'une grande fortune politique , il fallait s'assurer de sa personne et conserver ses jours à quelque prix que ce fût; et quand même la dépense eût excédé la recette, une grande nation comme l'Angleterre ne paie jamais trop cher une bonne action.

Déchu du trône , on ne peut disconvenir que Napoléon , dans les premiers temps, a conservé un parti considérable ; il était parvenu à se faire un parti de tous les hommes qui avaient embrassé la cause de la révolution contre le privilége ; il en était venu à passer pour le représentant du principe populaire , et par des mesures aussi habiles que despotiques, il a maintenu pendant long-temps les masses populaires dans cette croyance politique.

Un avenir considérable, incalculable s'ouvrait devant l'établissement de sa dynastie , s'il n'avait lui-même fermé tout cet avenir par ses guerres d'Espagne et de Russie : à découvert devant l'opinion publique , et malgré la cen-

sure, il n'a pu continuer à surprendre la bonne
foi des honnêtes gens ; on s'est aperçu qu'il voulait s'établir en Europe et en France, sur le
même pied que la dynastie des rois de France,
dont le dernier était mort sur l'échafaud, et la
réaction a commencé, elle s'est développée, et
Napoléon n'a plus trouvé dans la nation qu'une
obéissance passive : plus d'amour pour sa personne, plus d'affection pour le général de l'armée d'Italie, plus de compassion pour les dan-
gers du héros de l'armée d'Egypte, on a mis
toutes les grandes actions, tous les hauts-faits
d'armes sur le compte de l'ambition ; on les a
déconsidérés de l'auréole de vertu républicaine
qui allait si bien au général en chef, on n'a
plus reconnu que ce qui existait réellement, l'a-
vidité et la convoitise du pouvoir pour lui et
pour sa famille. Les Français se sont regardés,
ils ont gémi, ils ont versé des larmes de sang
quand ils ont vu que le mal était sans remède,
que la puissance de Napoléon était à son apo-
gée, et qu'elle allait grandir encore ; les
Français ont perdu l'espoir de tuer la tyrannie, mais la tyrannie s'est suicidée, elle est al-
lée chercher sa fin dans les glaces de la Russie,
et, la chute de Napoléon n'était plus qu'une
question de temps, après la perte de la grande

armée, de la plus grande armée qui ait jamais été commandée sur la terre par un plus grand capitaine : alors, de chute en chute, sans appui dans l'opinion publique, Napoléon est venu à s'abattre et à s'ensevelir tout vivant sur le rocher de Sainte-Hélène.

Enfin, il est mort ; son neveu vit encore, et son neveu veut faire comme lui, il veut régner, et la Suisse veut le considérer comme un citoyen de Zurich, malgré son nom et sa prétention. Et la Suisse croit que la France est obligée de s'en tenir à la caution qu'elle offre de la conduite du neveu de Napoléon ; mais à quoi bon la caution, quand le Napoléon remplit de son nom toute la nation, quand le Napoléon affecte, au milieu des citoyens de Zurich, les airs du Napoléon des Tuileries ; et enfin, à quoi bon la caution quand la France ne veut pas de caution, qu'elle demande une expulsion, ou, si non, elle peut menacer du canon.

La question est là : on se donne la peine de prouver à la Suisse que le citoyen de Zurich n'est autre qu'un Napoléon ; que la Suisse en pense autrement, libre à elle ; mais que la Suisse donne asile à Napoléon, malgré la France, aux portes de la France, après la tentative de Strasbourg, c'est là une autre question ; il est temps qu'elle se vide, ou sinon il faut du canon, des bombes et de la mitraille pour mettre à la raison chaque canton de l'Helvétie.

Je vais prouver que la France n'a plus à balancer, qu'elle doit incontinent sévir contre la Suisse, et punir l'insolence de quiconque lui conteste le droit de conserver sa liberté et ses institutions , en détruisant tous les germes de mort que renferme la présence aux portes de la France d'un héritier du nom de Napoléon, héritier déjà coupable d'invasion à main armée.

La nécessité de faire la guerre à des gouvernemens homogènes, est, pour la France, ce qu'on appelle un véritable sinistre, et si la guerre n'offre aucune compensation de gloire, que le résultat en soit prévu d'avance à tel point qu'il est inutile d'en parler ; c'est une raison de plus pour tirer parti de toutes les chances de paix qui pourraient encore se présenter ; mais, enfin, de deux choses l'une, ou la Suisse se soumettra volontairement, ou elle se soumettra par la force : il faut qu'elle expulse de son sein l'ennemi de la France, l'homme qui organise la guerre civile, qui ne cache pas ses prétentions au trône impérial ; l'homme monstre pour un gouvernement libre.

Là, devrait se borner ma tâche : aucun Français n'a le droit d'empiéter sur la prérogative royale.

Toute déclaratiou de guerre est réservée au principe monarchique par la constitution, et le droit de déclarer la guerre est l'une des plus importantes attributions de la couronne ; aussi cette question de paix ou de guerre ne doit-elle être traitée que sous le point de vue ministériel, et par application du principe de la responsabilité des ministres.

Si les ministres ne font pas la guerre, et que le prince Louis-Napoléon vienne troubler la tranquillité publique, verser le sang sur le champ de bataille et exposer les Français à se battre contre des Français, à invoquer la punition des coupables en justice, les ministres sont évidemment compromis, ils doivent compte même de la victoire, même du sang français qui pourrait couler sous le drapeau d'un ennemi ; ils sont donc obligés de se soumettre à la cruelle nécessité de faire la guerre, et la faiblesse même des gouvenemens suisses n'entre pour rien dans la réserve qu'ils s'imposent,

La disproportion de puissance relative permet aux ministres d'employer envers la Suisse jusqu'aux supplications pour obtenir l'expulsion ; la France est si forte que tous les moyens diplomatiques à l'usage des puissances entre elles, seraient mis en œuvre sans qu'il en résultât la la plus légère humiliation. Il y a plus, c'est de l'honneur, et même de la gloire pour la France, de ne pas vouloir se mesurer avec la Suisse sans la plus absolue nécessité.

Mais, admettant que la France soit placée dans les conditions d'une nation qui ne peut obtenir par la voie diplomatique, par les bons offices de son gouvernement, l'expulsion qu'elle réclame de la Suisse, il faut bien reconnaître que la France, après avoir fait tout ce qu'elle devait faire, beaucoup plus qu'elle ne ferait auprès d'une puissance du premier ordre, est dans le droit de se protéger elle-même, et d'en appeler à la force, de l'injustice des gouvernemens cantonnaux.

En Suisse, la presse n'en est plus à la question de savoir si la France obtiendra l'expulsion ou si elle ne l'obtiendra pas ; la presse fait le dénombrement des forces relatives des deux grandes puissances qui vont entrer en lutte, elle a même l'ingénuité de prévoir les chances

de la guerre, et la presse se figure que la Suisse
va tenir tête à l'orage ; que dis-je ? la presse est
en délire, elle va jusqu'à supposer la guerre déclarée, et la France cernée par les bataillons
suisses, et le gouvernement français abattu par
les forces de la Suisse ; il faut avouer que la
liberté de la presse est une excellente chose,
même dans cette occurrence, le patriotisme des
publicistes enfle à plaisir les forces de l'Helvétie, et c'est bien, avant la guerre ; cela peut entraîner la paix. Hélas ! il faut bien le reconnaître, les services rendus par la presse à la Suisse,
en temps de paix, ne seront plus les mêmes en
temps de guerre, l'armée française ne se laissera pas entamer par les armées de papier et
par les bataillons que lui opposera la Suisse ; elle
fera quelques étapes dans chaque canton, et les
plus heureux de nos braves seront ceux qui
arriveront les premiers, pour tirer sur les
journalistes restés seuls pour défendre la nationalité de la Suisse contre un détachement
de l'avant-garde de l'armée française. Faire du
bruit, c'est bien ! mais faire du raisonnement
c'est beaucoup mieux ! il faut croire que les
gouvernemens cantonnaux seront assez bien
avisés pour laisser la presse battre la campagne,
et planter le drapeau des Suisses sur les tours

de Notre-Dame de Paris. Le ridicule est la seule arme qu'on puisse opposer à de semblables niaiseries, dignes tout au plus d'arrêter l'attenrion des amateurs de curiosités qui sont en Suisse pour la belle saison. Un proverbe à la Sancho n'est pas déplacé : on a bien raison de dire que chaque pays fournit son monde, qu'il est permis aux Suisses de ne pas voir au delà de leurs montagnes, et de se bondir à l'aise dans les vastes prairies cantonnales,

Enfin, est-ce bien sérieusement que la presse se met à soutenir une thèse semblable et à provoquer la pitié de la presse parisienne, tellement amie cependant, qu'elle n'ose pas dire tout ce qu'elle pense de tant d'extravagance ? Si la presse de la Suisse n'avait pour elle que le tort d'une simple amplification, ce tort serait excusable ; mais elle a pour elle le tort fort grave d'abuser de la confiance de ses concitoyens, de soulever des passions qui doivent sommeiller pour le bonheur de la Suisse, des passions qui ne seront nullement partagées par les hommes graves que les divers cantons ont préposés au salut de la commune patrie.

Enfin, si l'aveuglement était tel que les gouvernemens eux mêmes donnassent dans le piége innocemment tendu par la presse et par

le citoyen de Zurich, il faudrait que la France
se décidât à corriger les feuilles des journaux,
et à mettre à la raison cette poignée d'hommes
assez ignorans pour ne pas voir que le ministère
français, appuyé de la nation et de la presse
française, unanimes sur la question napoléonnienne, est invincible, même par toutes les forces réunies de l'Europe; et que c'est à regret
que le ministère se dérange pour écraser de si
minces adversaires. L'expérience s'est déjà faite,
le ministère, décidé à faire la guerre, s'est con-
tenté d'un simple blocus maritime; il ne pouvait pas se déterminer à vaincre la Suisse; et,
c'est parce que le ministère a usé d'indulgence,
qu'il a seulement détourné la destination de
quelques denrées, que la Suisse s'imagine que
le ministère va recommencer le même genre de
combat.

La France n'est pas encore au *delenda Carthago* avec la Suisse; mais elle est à sa seconde
guerre punique, et la seconde fut plus sérieuse
que la première : la France ne bloquera plus la
Suisse, la France envahira la Suisse, la France
fera payer à la Suisse les frais de la guerre, et la
France laissera quelques compagnies de vété-
rans pour s'amuser à compter les écus des Suisses, jusqu'au remboursement complet de la dé-

pense extraordinaire et des frais de route, in-
dispensables à l'armée pour voyager dans les
cantons et chasser Napoléon et les napoléon-
niens, Bonaparte et les bonapartistes.

La presse suisse envisage bien cette question
de la même manière ; mais elle dit : La France
est hors d'état de faire la guerre ; la politique
du ministère français est en désaccord avec la
politique de la Chambre, avec le vœu des élec-
teurs et de la plus grande part e de la nation,
donc le ministère est obligé de veiller à sa sûreté, en France même, et le ministère n'a pas
assez de ses trois cent mille hommes pour maintenir la fidélité et l'obéissance de toutes les pro-
vinces de la France : Voyez plutôt, dit la presse,
la France a fait la conquête d'Alger, et la conquête d'Alger est un embarras pour la France :
elle ne peut s'y établir, elle ne peut soumettre
les peuplades voisines ; elle en vient à traiter
de puissance à puissance avec Abel-Kader ; la
la France, dit la presse, voit bien elle-même le
défaut de sa cuirasse, et le moment approche
où elle ne saura plus que devenir ; le mal est
grand, dit la presse, et supposez qu'il aug-
mente, le ministère sera obligé de mettre sur
pied la moitié de la nation pour garder l'autre,
et de la sorte, Alger sera perdu pour la France,

la Suisse pourra soutenir la lutte, la Suisse sera
la plus forte, elle envahira la France, elle occu-
pera le ministère par de nouveaux embarras
intérieurs qu'elle lui suscitera. La Suisse, en un
mot, protégera de sa puissance et de son or le
parti bonapartiste ; ce parti s'aidera de tous les
mécontens, et la Suisse n'aura jamais rien à
craindre pour son indépendance, etc. Voilà
cependant le résumé de toutes les nouvelles dé-
bitées et proclamées, jour par jour, par la presse
quotidienne de la Suisse ; il ne reste plus qu'à
dire que c'en est fait. La science a détrôné le
canon, et désormais il faudra croire que la
France n'a plus ni poudre ni plomb.

Si des argumens de ce genre étaient présentés
dans un congrès de tous les rois de l'Europe, et
qu'un Suisse écoutant, à la porte, vint en porter
la nouvelle à ses compatriotes, il faudrait peut-
être discuter le bon et le mauvais côté de cette
question ; mais que cet argument soit présenté
à la pointe d'une baïonnette suisse, cet argument ne peut être relevé ; et cependant il le
sera pour la Suisse, il sera réfuté d'autant plus
volontiers que la Suisse est digne de la commi-
sération française, et qu'on sait de quelle manière cet argument serait reçu s'il était formulé
par un congrès des puissances du premier

ordre dignes de la colère du peuple français.

Et c'est bonnement parce que la Chambre des pairs, en France, veut payer l'intérêt de la dette sur le pied de cinq pour cent, tandis que la Chambre des Députés ne veut payer que trois et demi ; ou bien, parce que le ministère veut s'adjuger les chemins de fer, au lieu de les adjuger à des compagnies, etc., C'est pour cela que la Suisse s'imagine que le ministère, peu solide sur ces questions d'intérieur, n'aura pas la force ou le génie de persuader à la France que le jeune Napoléon est un ennemi de la France et de ses institutions ; que son retour en France serait une calamité publique : mais il faudrait être inepte pour ne pas voir que, quelques soient les embarras du ministère, il sera vigoureusement appuyé, non seulement par les Chambres, mais par la nation et surtout par la presse française, dans une question bonapartiste si importante pour la France, qu'à supposer qu'une autre puissance quelle qu'elle soit donne asile, et protection évidente aux projets de l'usurpateur ; l'armée ou plutôt les armées nationales ne poseraient plus les armes qu'elles n'aient pris ou tué le jeune audacieux et tous ses partisans.

L'habileté est grande de la part des publicistes qui veulent pousser le ministère français à une désaffection complète, et qui lui donnent une occasion de flatter l'esprit national sans rien faire pour la nation ; de la part des publicistes qui tiennent pour les principes libéraux, et qui s'exposent à les compromettre en France, à les arriérer de plus de vingt années par la complication qu'ils apportent à plaisir dans la question de politique intérieure.

Le moment est bien choisi pour donner la vie à un ministère qui ne sait plus où donner de la tête, à une époque de rentrée des Chambres ; à un ministère qui va répondre aux interpellations des députés sur la grande affaire de la rente par l'argument bannal de la guerre avec la Suisse. Ah ! le ministère ne demanderait pas mieux de répondre, *à propos de Suisse*, sur toutes les questions qui l'embarrassent le plus ; et voici comment il s'y prendrait : il dirait aux députés : Bien, très bien ! attendez que Napoléon soit mort, que la guerre soit terminée, l'embarras est assez considérable ! D'ailleurs, les partisans de la conversion ignorent eux-mêmes quelles seront les suites de ce grand drame napoléonien ; il faut avant de régler nos petites affaires, s'occuper des grandes ? Et est-ce bien en ce moment, quand la France attend le dé-

nouement de ce grand drame, que nous devons
j ter un nouveau sujet de discorde parmi les citoyens? Et le ministère serait dans le vrai, et le
ministère obtiendrait l'ordre du jour sur toutes
les questions d'intérêt public, qu'il ne lui con-
viendrait pas de soutenir devant la Chambre.
De la sorte, la seule question en faveur, serait
la question napoléonienne tournée et retournée
à tous les vents, dans l'intérêt d'un ministère
battu par le raisonnement des économistes.

La guerre se terminerait, les questions re-
viendraient, mais le ministère dirait : Atten-
dons que l'ordre soit rétabli, que les finances
soient plus prospères ; nous sortons d'une crise,
n'allons pas nous jeter dans une autre ; restons
comme nous sommes. Et le temps se passerait,
et le ministère serait national sans avoir rien
fait pour la nation , et la France aurait tiré de
la guerre le seul avantage d'avoir au Bulletin
des Lois quelques lois de circonstance nées de
l'apparition de Bonaparte ; et le Bulletin des
Lois conserverait ces lois comme les lois de
septembre nées du crime de Fieschi. Et c'est
à des hommes politiques qu'il faut apprendre
toutes ces choses ! et, c'est aux ennemis du ministère, et c'est à Napoléon qu'il faut apprendre
les règles de la politique. On ne se souvient de

rien, pas même des enseignemens de l'histoire ;
Richelieu a grandi de toute l'imprudence et de
toutes les maladresses de ses ennemis. Qu'on
veuille bien y réfléchir, c'est le péril même où
ce ministre s'est trouvé qui a fait toute sa
gloire, qui lui a donné le droit de vie et de
mort pendant la paix sur tous les adversaires
de son système politique ; son génie était grand,
mais encore les fautes de ses ennemis l'ont
mieux servi que son génie.

Que serait devenu le système politique des
ministères français depuis huit ans, sans les
malheurs de la guerre civile, sans les assassinats
politiques, sans les grands procès qu'ils ont en-
traînés ; et que deviendrait encore le système
politique du ministère si aucune complication
extérieure ne venait à son aide ? Le système politique serait remplacé par un autre ; la politique
retardataire et de temporisation du ministère
ferait place à une politique d'action et de mouvement : la France finirait par avoir sa voix au
chapitre par la presse et sa représentation nationale ; tout cela est écrit dans l'état des choses
tel qu'il est aujourd'hui ; tout cela disparaîtra
comme une ombre, au moindre souffle de la
guerre civile apportée par un Napoléon ou par
ses partisans : la France gémira de ce nouveau

retard, et la France devra ce nouveau malheur à l'héritier de Napoléon.

Si jamais ce prince osait, dans un intérêt tout personnel, entraîner une complication intérieure si considérable dans les affaires de son pays, ce prince serait bien coupable ; il serait bien ignorant de n'avoir pas su confondre dans sa pensée le ministère et la nation , dans une question évidemment identique pour le ministère et pour la nation : question tellement identique que, s'il est permis de le dire, la nation est plus intéressée, s'il est possible de le supposer, au bannissement de Napoléon que le ministère français lui-même. Les ministres en seraient toujours quittes pour une retraite, et la nation aurait à subir, on frémit d'y penser ! la guerre étrangère sans nationalité pour elle , et la guerre civile avec le parti bonapartiste. Ah ! mieux vaut cent fois le ministère actuel avec toutes ses imperfections que la crainte seule du nom de Napoléon. Ah ! la Suisse ne tarderait pas à reconnaître sa faute : elle sait le chemin qui mène à Vienne et dans la plupart des capitales ; elle sait le sans-façon d'une armée bonapartiste traversant la Suisse ! et quand je dis mieux vaut conserver le ministère actuel, je dis mieux vaut conserver les trois pouvoirs de l'é-

tat tels qu'ils sont, les entourer, les protéger
et les adorer comme une divinité tutélaire de la
France, que de courir la chance d'une guerre
européenne et napoléonienne absolument dif-
férente dans son principe et dans ses résultats;
d'une belle et bonne guerre qui fait depuis si
long-temps l'objet des vœux de toute la population française, guerre de principe et de nationalité, guerre que le ministère sera forcé de
faire, parce que les lois proposées aux Chambres déplairont aux souverains étrangers ;
qu'elles en contiendront par leur esprit d'autres
plus déplaisantes encore, et que, de chagrin
en chagrin, les grands princes finiront par se fâcher, par menacer ; et que la France n'attendra
pas que la menace soit trop claire. La France et
le roi s'apercevront qu'on vise à l'indépendance nationale, et la France relevera le gant
jeté par l'Europe ; la France ne se donnera pas
la peine de prouver aux rois qu'ils courent à
leur perte ; la France se dérangera tout entière, s'il le fallait, pour en finir avec des rois
assez hardis pour s'attaquer au lion populaire,
armé des grands principes de la liberté civile
et politique, cimentée par une bonne liberté de
la presse. A ces conditions, la guerre européenne ne serait plus un malheur, la guerre

serait un bonheur pour la France d'abord, et pour les nations de l'Europe. Mais c'est à ces conditions seules que la guerre doit être entreprise. La France est fatiguée de toutes les questions de personnes : le roi règne, le roi occupe le trône, la France n'a besoin d'aucun autre prince étranger au roi et à sa famille ; la France veut le développement des institutions constitutionnelles jurées par le roi ; la France est dans son droit, le roi est sur son trône, et la France ne fera pas l'essai d'un gouvernement napoléonien. En bonne conscience, Napoléon a fait trop de mal pour que la France se jette entre les bras d'un prince qui traînerait à sa suite tous les partisans du despotisme, des emplois salariés, et qui renouvellerait les plaies du Mont-Saint-Jean, avec la différence que l'Europe des rois en serait à sa troisième guerre punique avec le parti bonapartiste, et que l'Europe des rois, cette fois, ferait payer à la France elle-même les fautes du parti bonapartiste ; qu'elle en viendrait à prendre ses sûretés contre les bonapartistes, à tel point qu'elle renouvellerait, dans un autre sens, le *delenda Carthago* dont on vient de parler. Et, faut-il le dire ? le jeune Bonaparte pense-t-il que tant de malheurs seraient payés trop cher par lui, s'il se bornait à faire le sacrifice de ses prétentions à la couronne : la patrie ne serait donc rien pour le cœur de S. M. Napoléon III? si pour elle seule, elle ne craignait pas la destr.ction universelle de tous les peuples de l'Europe, l'asservissement prolongé de toutes les nations par les mesures de plus en plus despotiques adoptées en commun par des souverains réunis, par des souverains qui conduiraient leurs armées contre les bonapartistes, et qui étoufferaient avec ces mêmes armées jusqu'au germe de liberté qu'ils voient à regret fermenter dans l'esprit de leurs peuples ; par la seule puissance de la paix européenne, paix dont les loisirs sont employés par les peuples à examiner toutes les questions politiques, à mesurer la distance qui les sépare des institutions libérales. Certes, les souverains étrangers ne demanderaient pas mieux que d'avoir à combattre le parti bonapartiste seul en France, ils ne feraient pas tant de façon qu'avec la révolution de juillet armée de sa colère populaire, et de la presse qui lancerait ses feuilles de papier sous le trône de chacun d'eux, et le ferait éclater avant l'arrivée de l'armée française.

Je le dis à regret, il ne serait pas impossible que le nom et la personne de Napoléon ne fussent habillement exploités, à son insu, par les ennemis de la révolution de juillet, qui n'osent pas s'attaquer à elle, en face ; ces ennemis verraient avec plaisir la France aux mains du parti bonapartiste, avec les infirmités inséparables de la domination d'un parti , sur le parti national, sur la presse, sur toutes les institutions ; ils comprennent bien que la France dénationalisée par la différence des opinions, n'aurait plus la même puissance, et qu'il serait facile de l'entamer, de la diviser , et de l'anéantir pour toujours ; et c'est là ce que chacun regarde sans le voir, et c'est là une querelle que l'on personnifie entre un empereur prétendant et le roi des Français, personnellement, comme si le roi n'était pas la révolution personnifiée, comme si le roi n'avait pas le même intérêt que la France, plus d'intérêt que la France, par honneur pour sa couronne , à maintenir l'intégrité du territoire, à détourner de la patrie tous les maux prêts à fondre sur elle avec l'héritier de Napoléon. Ce serait le comble de la folie de ne pas voir tout le bienfait de la royauté constitutionnelle, en regard surtout de l'empire napoléonien avec toutes ses conditions d'existence et de conservation ; et, je dis que non seulement la nation préfère le roi , à l'empereur , mais encore qu'elle doit faire tous les sacrifices pour

conserver le royauté de juillet, et l'opposer à
toutes les tyrannies cachées ou connues qui se
présenteraient sous le nom de Napoléon. La
France est-elle donc fatiguée de sa révolution
de juillet ? en serait-elle réduite à se jeter aux
bras du premier venu, parce que le ministère
seul ne serait pas d'accord avec la Chambre sur
une question d'intérieur, question qui, après
tout, ne porte pas dans ses flancs le principe
de la destruction : la paix et la tranquillité publiques sont très suffisantes pour donner tort à
qui à tort et *vice versà*, pour donner raison à qui
a raison : de question en question, on en vien-
dra à tout remettre en question, excepté ce qui
ne fait plus question : la nécessité du principe
monarchique allié au principe populaire. Pour
cela, on n'a pas besoin d'un Napoléon, le ministère est suffisant pour traiter la question, et
pour mettre la raison du côté de la nation, sans
la poudre ni le canon de Napoléon.

L'erreur la plus épouvantable, la plus funeste
serait donc de croire que la France deviendrait
plus heureuse avec Napoléon, qu'avec la révolution de juillet ; cette erreur ne manque pas
de partisans, parmi les partisans de l'absolutisme des rois ; mais elle n'est pas destinée à
faire fortune parmi les partisans éclairés de la

révolution de juillet : ils voyent bien où les
rois veulent en venir avec le jeune Napoléon
dont ils souffrent la présence à nos portes sans
faire chorus avec le ministère français pour
exiger de la Suisse l'expulsion du jeune prince,
assez inhabile, assez inexpérimenté pour ne
pas voir que l'Europe des rois veut se servir de
lui pour asservir la France ; qu'elle ne serait pas
fâchée de le voir établi dans une ville centrale
et importante de France, en guerre avec la révolution de juillet ; les rois leveraient des troupes contre Napoléon, ils obtiendraient aisément
des sacrifices de leurs peuples, et ces troupes,
ils les dirigeraient d'abord sur le parti national
français, et quand leur véritable ennemi serait
renversé, ils tomberaient sur Napoléon III et sur
ses partisans ; et de cette manière, la France serait prise, ruinée, avilie, partagée, et distri-
buée entre ses libérateurs, et les rois n'enten-
draient plus parler de la révolution de juillet,
quand le nom seul, sans la chose, leur cause
tant de souci ; quand ce nom seul ne leur assure
aucun lendemain et qu'ils ont toujours peur de
quelque malheur, dans le genre d'une querelle
entre le ministère et la Chambre, querelle où la
Chambre viendrait à se montrer et le ministère
à se cacher, pour faire place à un ministère pris

dans la Chambre et dans les principes de la révolution de juillet.

J'ai si peu de confiance dans les amis de notre ennemi, que je pourrais aller plus loin dans mes suppositions , sans cesser pour cela d'être dans le vrai , et dans la cause que je défends , la royauté de juillet et la révolution de juillet : l'identité est parfaite, il ne faut pas s'y tromper, le roi est un avec la révolution , le roi protége la révolution, la révolution protége le roi , et , si les ministres s'écartent du grand principe fondamental de la liberté nationale, les ministres tomberont. Mais le roi ne tombera jamais ; le roi est la révolution elle-même, le roi s'appuie sur la Charte, et la Charte s'appuie sur le roi ; il ne faut pas s'écarter de cette ligne si favorable au développement des grands principes invoqués par les héros de juillet ; il ne faut pas que les Français soient divisés en bonapartistes, en royalistes, en philippistes, etc., ils doivent tous se réunir sous le drapeau national levé par la révolution de juillet, et planté sur le château du roi ; le drapeau, c'est le principe, gardons le principe contraire à tout despotisme, et nous aurons facilement raison de tout ministère qui ne voudrait pas se mettre à la raison : Si vraiment, ce que je pourrais ignorer, et ce que je

dois ignorer, dans une querelle nationale, si le
ministère voulait le contraire de l'opinion de
la Chambre, il ne serait nullement besoin du
sang humain pour arranger l'affaire : le ministère s'en irait, et un autre viendrait qui mettrait
tous les torts sur son prédécesseur ; on ne s'a-
percevrait pas du changement.

Mais si la querelle était transportée sur un
champ de bataille orné de l'épée de Napoléon,
le ministère resterait, la Chambre voterait loi
sur loi d'exception, la Chambre irait où on voudrait, tant elle aurait peur du nom de Napoléon,
et elle aurait raison. Avant tout il faut vivre, et
Napoléon ne pourrait pas vivre, sans façon, avec
la Chambre; il ne pourrait vivre qu'avec du canon, et encore du canon ; or, la Chambre ne serait pas d'humeur à se battre contre Napoléon,
quand elle a grand'peine à se battre contre les
ministres, et déposer la boule fatale au ministère.

C'est donc un prétexte, improvisé par les ennemis de la révolution de juillet, que l'apparition
du jeune Napoléon, et pas autre chose : les Français et même les Suisses qui se laisseraient prendre à cet appât trompeur seraient dignes de pitié, si l'erreur ne devait avoir que des conséquences de raisonnement; mais elle peut entraîner de graves malheurs : les victimes par mil-

liers, par millions, sont là qui attendent leur tour pour marcher au carnage des guerres de l'empire, et c'est là le côté cruel de la question, le côté abominable, atroce, que chacun doit s'empresser, dans sa sphère, de chercher à éviter : les guerres de dynastie et de personnes sont le fléau du genre humain ; il faut se mettre en garde contre tous les artifices des rois qui ne savent comment s'y prendre pour attaquer la France, et qui voudraient la voir divisée en deux parties, qu'ils appelleraient les bonapartistes et les philippistes, et qu'ils mettraient d'accord en marchant sur la France à l'aide des carlistes qui leur diraient que l'occasion est magnifique, que la France est divisée, qu'il faut aider les bonapartistes à tuer les philippistes ou les nationaux, sauf à tuer ensuite tous les bonapartistes, et à renvoyer Napoléon III à Saint-Hélène, contempler le tombeau de Napoléon Ier : les choses s'arrangeraient si bien que la France serait henriquinquiste, et que les restes du bonapartisme et du philippisme, seraient veillés de près par les espions du gouvernement henriquinquiste, et qu'on ne manquerait pas d'excellentes raisons et de témoins-espions pour les envoyer à la guillotine.

Les grands politiques qui s'apprêtent à faire

les beaux discours en faveur du nouvean citoyen de Zurich, ignorent que de tout temps
les rois, ennemis de la France, se sont servis
des hommes du peuple pour tromper le peuple; ils sacrifieraient Napoléon III, d'origine
plébéienne, qu'ils ne sacrifieraient pas un che-
veu de la tête de Henri V, et ils ne permettraient
pas que le jeune duc vint se faire citoyen à
Zurich, par la raison qu'ils estiment, et sa
maison et sa naissance, et qu'ils n'ont aucune
considération pour le sang plébéien d'un Napoléon, et c'est pourtant sur ce motif qu'ils permettent à Napoléon de servir leurs projets,
quand ils ne le permettraient pas à Henri de
Bourbon; ils le réservent pour la besogne toute
faite, et ils envoient Napoléon courir le danger
et gagner le rocher de Sainte-Hélène, tandis
que Henri de Bourbon, l'ami des amis, attendra l'événement et profiterait, à l'occasion,
des travaux et de la gloire d'un nouveau Napoléon.

On a beau faire, on a beau dire : je suis dans
la question; je vois bien que si cinq cents républicains français, et enfin il peut se trouver
cinq cents républicains en France, je ne les
nommerais pas, si je les connaissais, si ces hommes, dis-je, moins dangereux que le nom seul

de Napoléon, si ces hommes se réunissaient sur la frontière française, sans même envahir la France, toute l'Europe des rois serait en conflagration, les rois ne dormiraient plus, les ambassadeurs ne laisseraient aucun repos au ministère ; il faudrait, à l'instant même, exterminer la Suisse qui recèle de pareils hôtes ; il faudrait tailler en pièces les cinq cents hommes, inscrire leurs noms à tous les poteaux élevés dans l'Europe entière, et, vivans ou morts, il faudrait s'en défaire. Et, en effet, on aurait bien raison, les républicains sont très dangereux à l'ordre social européen ; ils sont capables de faire bien du mal, de troubler bien des existences, de déranger beaucoup de calculs ; on ne saurait donc sévir avec trop de violence, ni trop de sévérité contre eux ; le plus vite, c'est le mieux. D'accord, j'approuve cette politique, je suis d'avis que rien n'est à craindre comme un corps armé de républicains français, je le déteste de toute mon ame.

Hé bien, si l'Europe faisait à juste titre sonner l'alarme contre les républicains, elle devrait en faire autant contre Napoléon ; mais l'Europe comprend trop bien qu'elle ne pourrait jamais se tirer d'affaire avec le parti républicain, et qu'elle se tirerait toujours d'affaire avec le parti napoléonien ; elle irait plus loin, elle se déferait du parti napoléonien, et elle le remplacerait par le parti bourbonien. Ouvrez donc les yeux, politiques de la Suisse, politiques de la France, et chassez Napoléon III !

Je ne suis pas homme à affirmer ce que j'ignore, je n'ai pas la prétention de pénétrer tous les secrets de la politique européenne ; mias je ne dois pas moins éveiller les soupçons des hommes politiques de la France et de la Suisse sur les causes possibles de l'évement de Strasbourg, et de la rentrée en Suisse du jeune prince de la famille impériale : d'autres, plus habiles que moi, donneront, peut-être, à la présence de ce prince un motif tout différent ; je l'admets d'avance, si c'est moi qui suis dans l'erreur.

Dans une conjoncture si grave, tout français doit apporter à son pays le contingent de ses faibles lumières ; il ne répond d'aucune erreur, il ne doit compte qu'à sa conscience des paroles qu'il juge utiles à la défense des institutions politiques menacées par la présence d'un prince de la famille impériale.

J'ai entrepris d'écrire quelques lignes sur la situation politique née du séjour de ce prince aux portes de la France ; à peine s'est-il écoulé quelques jours deunis que j'ai pris la plume que la situation s'est encore aggravée : il paraîtrait que les dernières conférences avec le président de la Diète Suisse ne laisseraient aucun espoir de conclure à l'amiable sur ce point important de la politique ; et , s'il est permis de juger du parti que prendra la Diète Suisse par les communications officielles, dit-on, de son président, il faut s'attendre à un refus péremptoire, au retour de l'ambassadeur français, etc. ; cette issue des négociations paraîtrait d'autant plus probable que le président de la Diète se fonde, dit-on, sur un argument invincible, e voici : Le gouvernement suisse, comme tout autre gouvernement, doit aux Suisses la protection la plus illimitée; le gouvernement ne peut, d'après sa constitution, expulser aucun suisse de son pays ; ajoutez ensuite que quinze jours eulement ont suffi à Louis-Napoléon pour devenir un citoyen de deux villes de la Suisse, et que d'ici à quinze jours il sera sans doute naturalisé quinze fois de plus ; en sorte que, loin d'être étranger à la Suisse, il peut être considéré comme Suisse, et plus Suisse qu'aucun Suisse ; cette manière d'avancer la question n'est pas honorable pour le gouvernement suisse ni pour Louis-Napoléon : un Français banni de sa patrie doit toujours conserver le titre de Français, il ne peut y renoncer, sans compromettre l'honneur et la dignité d'un nom tel que le nom de Napoléon ; le neveu se contenterait du titre de citoyen de Zurich et de Turgovie quand l'oncle était le médiateur de la confédération Suisse par la constitution politique de l'empire ; ce reproche seul indiquerait qu'il n'y a rien de sérieux dans les titres de citoyen donnés avec tant d'éclat, et invoqués par le président de la Diète et par le prince ; et plus le prince recevra de ces sortes de distinctions plébéiennes, moins on doit supposer que le prince ait renoncé à la France et à ses prétentions à la couronne impériale : les gouvernans cantonnaux, appuyés sur ce système, ont une arrière-pensée que toute personne peut deviner, sans le moindre effort d'imagination.

Répondre à une demande d'expulsion d'un héritier de la couronne impériale par une ou plusieurs naturalisations, c'est refuser une satisfaction demandée, c'est jouer sur le mot, et substituer le langage politique aux convenances d'amitié et d'intérêt qui unissent les deux peuples. Qui trompe-t-on ici ? Personne. A qui fera-t-on croire qu'un neveu de Napoléon va se contenter du titre de citoyen suisse ; quand, il y a deux ans, il est entré sur le territoire

français avec ses partisans, et qu'il s'est proclamé empereur dans une ville de France? à
personne, pas même au président de la Diète, ni
à la Diète elle-même.

Une réponse de ce genre, confirmée par la
Diète, équivaudrait à un réfus d'obptempérer
à la demande du ministère français, parlant
à la Suisse au nom de la France : la situation
devient si nette, que le ministère n'a plus que
le choix des armes, et qu'il est trop tard pour
renoncer à la prétention, quand même le ministère jugerait autrement des dispositions du
prince; le ministère, qui se paierait d'une ex-
plication si commode, le ministère aurait un
compte plus sévère à rendre de sa conduite politique; il ne pourrait plus rester au pouvoir, il
devrait même être accusé par la Chambre des
Députés et jugé par la Chambre des Pairs : la
dignité de la France est engagée, il faut que la
France soit écoutée.

La réponse des gouvernemens cantonnaux
était facile à prévoire ; on peut affirmer dès
à présent que la Diète suisse ne restera point
en arrière, et qu'elle fera dans sa réponse un
étalage pompeux des moyens de droit et de souveraineté nationale reconnus dans toute l'Europe et inapplicables à la naturalisation du ci-

toyen-empereur. D'où peut donc provenir cet acte d'hostilité de la part de la Suisse contre la France? Est-ce à la France ou au ministre français que le gant est jeté? Quelques mots dits avec franchise, partis des conscience d'un véritable partisan de la révolution de juillet, seront pris en bonne part. Il semble en effet que la Suisse, entraînée dans les principes de la révolution de juillet par l'ascendant de la France, ait quelques reproches à faire au ministère français qui se sont succédé depuis 1830, sur la direction politique imprimée à la révolution française au dedans et au dehors ; les intérêts matériels et politiques de la Suisse ont souffert, à l'égal des intérêts politiques de tant d'autres peuples, et peut-être plus particulièrement les intérêts de la Suisse : cette vérité paraît incontestable, on peut l'admettre volontiers, et si la Suisse n'a jamais été conduite à la remorque de sa révolution politique, elle a pu craindre pour sa nationalité quand elle s'est aperçue que le progrès se développait chez elle seulement ; elle a pu craindre que les puissances du nord ne profitassent de l'abandon où elle était, pour lui imposer un système rétrograde ; sans doute, la Suisse aura fait des épenses considérables pour maintenir sur le

pied de guerre en temps de paix, une armée
toute prête à voler au secours de son territoire;
ce malheur, pour un peuple, d'être obligé de
maintenir indéfiniment sous les armes une
milice nombreuse, peut avoir obéré les finances du pays et entraîné des conséquences
fâcheuses pour la prospérité des cantons, et
si ce malheur n'est pas le seul, qu'il s'en trouve
beaucoup d'autres que j'ignore, et que la Suisse
soit fondée, suivant elle, à reprocher aux ministères français, il s'ensuit que la Suisse est
peu satisfaite elle-même des procédés des divers ministères français, et qu'elle ne se croit
obligée à aucune concession pour la politique
des ministres ; que loin de se considérer comme engagée sous ce point de vue, elle serait
tentée de s'affranchir de toute espèce de rela-
tion de bon voisinage, et même de rendre, suivant elle, le mal pour le mal, au ministre
français : tout cela est possible, chacun en
pensera ce qu'il voudra, mais ce qui est possible aussi, c'est que la Suisse soit dans une
erreur complète, et que, voulant de bonne
foi, nuire au ministère français, elle fasse les
affaires du ministère français, mieux qu'il ne
peut les faire lui-même ; que, voulant protéger le développement de la révolution de juil-

let en France, elle ne favorise rien autre chose que le développement d'un système rétrograde contraire au principe qu'elle voudrait appuyer en France.

Daignent la Suisse et ses orateurs répondre au dilemme suivant : Le ministère français vaincra la Suisse, ses alliés et Louis-Napoléon, ou le ministère français sera vaincu par la Suisse, ses alliés et Louis-Napoléon ; l'une des deux hypothèses doit nécessairement se réaliser. Je vais démontrer à la France et à la Suisse, que la France et la Suisse seront le prix de la victoire, soit du ministère français, soit de Louis-Napoléon.

Commençons par la supposition la plus flatteuse pour la Suisse. La victoire reste à la Suisse, à ses alliés et au Napoléon ; est-ce que les savans de la Suisse ne se souviendraient plus de certaine fable où il est écrit: *Ego primam tollo qui nominor leo, etc.?* Je ne veux pas d'autres autorité que celle-là, pour démontrer que Napoléon, à Paris, s'adjugerait la France, la Suisse et ses alliés ; sa majesté ne voudrait pas même un Suisse dans son armée, et sa majesté, obligée d'ouvrir la campagne dans un intérêt bonapartiste, exposée à ne jamais voir elle-même la fin d'une guerre de ce genre, ne ferait nulle difficulté de rançonner la Suisse, de la gréver d'impôts directs et indirects, sinon par une loi, au moins par le fait quotidien du passage éternel de ses troupes sur le territoire helvétique. Admettons que dans les premiers temps, les bonapartistes paient tout argent comptant. Les bonapartistes ressemblent à tout le monde, ils ont de l'appétit quand ils n'ont pas d'argent; supposons que l'argent vienne à manquer pendant quelques mois, l'appétit reste; c'est assez pour affirmer que les provisions des bons habitans de la Suisse se consommeraient si bien, que l'appétit allant toujours son train, la Suisse elle-même serait dévorée par l'appétit des amis. Je sais bien que la Suisse se plaindrait au concitoyen de Zurich; mais l'empereur dirait : Il faut que mes soldats soient nourris. La Suisse voudrait se fâcher, et Napoléon mettrait à la raison chaque canton, en imposant nouvelle garnison. On s'en tiendrait là pour le quart d'heure, on espérerait un meilleur avenir, cet avenir ne viendrait pas, on se lasserait, on organiserait des partisans dans les montagnes pour tirer sur les troupes de Napoléon; l'empereur s'indignerait, Napoléon enverrait un général de division avec la mission de dépeupler chaque canton,

et tout cela ne finirait que par une incorpora-
tion de la Suisse avec le lion nommé Napoléon,
ci-devant citoyen de Zurich.

Voyons le revers de la médaille. Je suppose,
dans la seconde partie de mon dilemme, que le
ministère français, appuyé, évidemment sou-
tenu par l'opinion publique, par les Chambres
et la presse dans une question toute bonapartiste, je suppose que le ministère français soit
vainqueur. Je vois la Suisse et peut-être même
Napoléon bien malades, je vois les institutions
de la Suisse, les libertés individuelles à leur
agonie, je vois chaque canton grevé d'une
garnison, je vois le trésor public de la Suisse
confondu avec le trésor public de la France,
je vois la Suisse appauvrie, humiliée, ses meilleurs citoyens exposés à l'exil, les fortunes par-
ticulières compromises, etc.

Je suis bien obligé d'énumérer tous les résultats de la guerre, de les étaler aux yeux de
guerriers que l'odeur de la poudre éblouit et
doit éblouir; en effet, fut-il jamais plus beau
métier que le métier des armes? et peut-on
jamais faire de sa puissance un plus noble
usage que de protéger la vie de l'un de ses concitoyens, nommé Napoléon.

Et pour ne pas attrister la Suisse, pour ne

pas la déterminer à compromettre sa dignité nationale, en expulsant le citoyen de Zurich à la prière du ministère français, je ne lu ferai pas le tableau de toutes les misères que traine à sa suite la guerre la plus loyale. Les Suisses voudront bien se souvenir que dans ce second membre du dilemme, il ne s'agit pas de victoire pour la Suisse, il s'agit de victoire pour la France : je ne ferait pas l'énumération des clauses du traité de paix.

Enfin, on perd d'un côté, on peut gagner d'un autre : la Suisse a au moins accompli ses vœux politiques, elle a perdu son indépendance et sa liberté de la presse, et sa bourse ; mais elle a mis le ministère français dans le plus cruel embarras : *Pas du tout vous n'y étes pas, vous n'en approchez guère :* le ministère français est dans l'embarras de répondre à toutes les félicitations de ses amis politiques ; le ministère fait son entrée triomphante à la Chambre des Députés ; le ministère dépose sur le bureau le bulletin emphatique de sa victoire, et trouve argument tout prêt pour fermer la bouche aux économistes et aux partisans du progrès ; il parle de ses lauriers ; et le seul avantage que la Suisse retire de tout cela, c'est de passer pour une puissance vaincue par le ministère.

Quant aux principes politiques pour lesquels la Suisse avait secrètement pris les armes, c'est peine inutile d'y penser ; et, en effet, le ministère français, qui, aurait pu se déterminer à faire la guerre à la Suisse pour anantir les principes politiques qui régissent la Suisse, le ministère victorieux ne peut donner à la France ; ce que le ministère n'était pas d'avis d'accorder à la France , quand le ministère était dans l'embaras

Ab uno disce omnes ?.....

Et quand je disais que la Suisse était la dupe de quelque manœuvre souterraine , dont je ne puis découvrir l'auteur ou les auteurs, je ne me trompais guère : puisse le gouvernement de la Diète, plus clairvoyant que moi, approfondir encore les graves questions soulevées par la présence d'un Napoléon, sur le teritoirre helvétique ! puisse ma faible voix, écoutée comme celle d'un frère et d'un ami (la guerre n'est pas déclarée) mettre les gouvernemens cantonnaux sur la trace des véritables ennemis de leur indépendance et de leur liberté de la presse !

Puissent Napoléon et la Suisse s'apercevoir

à temps que si quelqu'un doit être pris pour dupe, ce n'est pas le ministère français, que rien ne force à faire la guerre! il la fera: donc, il est assuré d'avance que la Suisse et le citoyen de Zurich, sont pris dans leurs filets ; donc la Suisse et Napoléon vont donner au ministère une exellente occasion de réparer sa faute , et de reprendre Napoléon.

FIN DE LA PREMIÈRE BROCHURE.

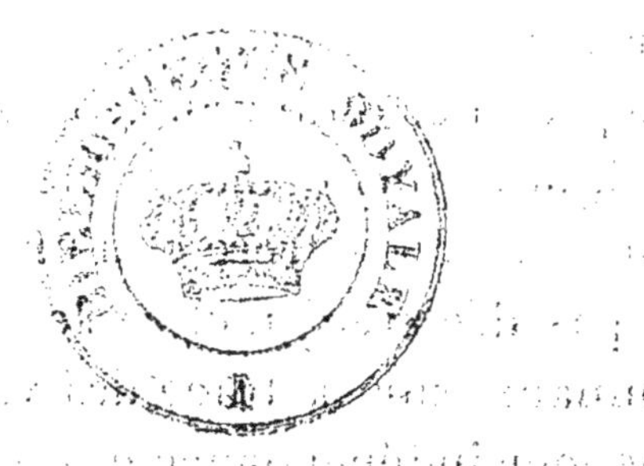

IMPRIMERIE DE MAULDE ET RENOU, rue Bailleul, 9 et 11.